行定 勲

映画女優《ヒロイン》のつくり方

GS
幻冬舎新書
702

映画女優《ヒロイン》のつくり方／目次

はじめに

相田冬二［聞き手・構成］

『GO』『世界の中心で、愛をさけぶ』『春の雪』……彼がどんな映画を撮ってきたかを、多くの人が知っている。

だが、どんな監督なのか、その像を明確に語れる人は、映画業界にも少ない。

行定勲。

この固有名詞に対して、ふさわしい言葉がなかなか見つからない。

劇場デビュー作『ひまわり』以来、リアルタイムでその映像世界に接し、作品ごとにインタビューし、個別の映画への理解は深めてきたつもりのわたしもまた、全容をつかもうとすると途方に暮れる。

行定監督自らに語りおろしてほしい。

しかし、舞台演出から映画祭ディレクターまで様々な領域にその才能を発揮している彼の全貌を網羅するのは難しい。

短編やオムニバス参加作品、配信作品、MVなど、監督作だけでも多様。

そこで、あえて長編劇映画だけに焦点を絞ることにした。

この25年で行定勲は、25本もの長編作品を発表している。21世紀、激動の日本映画界において、約1年1本ペースで長編を手がけているのは驚くべきこと。フィルモグラフィを俯《ふ》瞰《かん》すると、興味深い一面が浮かび上がってきた。

女優の映画が多い。

しかも、吉永小百合から芦田愛菜まで、主演女優の幅がかなり広いではないか。

そこで、女優を中心に、インタビューを試みた。監督は、女優を出発点に多くのことを語ってくれた。本書は膨大な語りを、女優という観点でまとめたものである。あくまでも、相田がチョイスした言葉たちにすぎない。また、全長編の中の約半数ほどしか触れていない。女優のセレクトも、相田によるものである。

行定は、女優映画ばかりを撮っている監督ではない。監督の仕事は、企画開発から脚本の練り上げ、スタッフワークの構築、撮影準備、撮影中のあらゆるジャッジ、編集、仕上げ、公開時の取材などなど、書ききれないほど多岐にわたる。

女優にどう向き合ってきたかは、一つの断面にすぎない。しかし、女優というテーマをフィルターに、行定勲という監督を覗き込んだ時、何かが見えてきた。

もし、あなたが一本も行定作品を観たことがなくても、彼が日本を代表する女優たちをどのように見つめてきたか、興味を抱くに違いない。そして、一本でも出逢ったことのある方なら、広大な平野である行定勲映画を紐解く、大きなきっかけになるはずだ。時に時制が錯綜しながらも、難解になることがなく、すっきりと懐におさまるのが、この映画監督の特徴でもある。

そこで、近作から遡《さかのぼ》る形で、彼の基点に迫った。

誰もが知る女優たちについて、明解に、具体的に語るその様から、行定勲独自の女優論、女性論、そして映画論が伝われば幸いである。

最新作『リボルバー・リリー』も女優を中核に据えた。四半世紀もの歩みは、極めてみずみずしく、初々しい。そんな「行定勲」の像が届くことを祈っている。

序章　1998年

初めての女優に、教えられたこと

初めて監督した『OPEN HOUSE』（１９９８年、映画祭にて初上映。２００３年劇場公開）から四半世紀が過ぎた。

当時、椎名英姫（現・しいなえいひ）は演技経験のないモデルだった。佇《たたず》まいに独特の雰囲気があり、選んだ。

映画を撮るということは、人間の肉体を撮ること。撮られる側からすれば、自分を晒《さら》すことになる。彼女はモデルだったから、自分を晒す覚悟ができていた。もちろん、メンタルでは大変だったとは思うけれど、肉体を晒すことへの抵抗が具体的にはなかった。

撮られる女優の覚悟に対峙して、撮る側の覚悟ももちろん必要だった。

女性を撮るのと、男性を撮るのとでは、明らかに違う。なにしろ僕は男だ。演技を通して、カメラを通して、女性と向き合うのだから、より繊細さが必要になる。

椎名英姫はまだ映画での自分の見せ方を知らなかったから、体当たりで芝居をしていた。撮影監督の篠田昇は感情に触れると、カメラも自ずと対象に接近させていく。ある意味、そこにある「そのもの」を映し出すのだ。

彼女が下着姿で四つん這いになって逃げていくシーンがあった。トップモデルならではのスレンダーボディ。背骨や脇腹の肋骨《ろっこつ》が浮き彫りになった。そこには、ランウェイをポージングしながら歩くモデルの美しさとは別なものがあった。

言ってみれば、美しさと醜さの対比。そのことで初めて生まれる生命力の光がある。発見だった。

以来、美しさと醜さが同居したヒロインを撮ることが、一つの心得となった。

男性が女性を撮る、その恐怖心

日本映画には、女性の主人公が少ない。

たとえば、女性が監督するとなると、女性主人公の企画になりがちだが、当の女性監督にとっては抵抗があるのではないか。女性だから女性を主体に描かなければいけないとすれば、それは抑圧でしかない。

女性、男性である前に、一人の監督。女性が男性を描いていいはずだし、男性が女性を描いていいはず。平等でいい。

男性監督はシャイな人が多いように思う。だから女性を描くことに踏み込みにくいのかもしれない。僕もそうだが、自分は繊細で傷つきやすい、と思い込んでいる節がある。勝手に傷ついてるだけかもしれないけど。

僕には、なぜか女性主人公の映画が多い（ラブストーリーが多いからか……）。

女性のことがわかっているわけじゃない。わからない。恐怖心もある。

男の無神経な行為に対して、世の女性たちは笑って見過ごしてくれる一方で、男が無自覚であることを責めてくる時もある。これが、怖い。

映画の現場でもそうだ。

物語を描く以上、女性の気持ちがわかっている体《てい》で女優に向き合うが、痛い目に遭う可能性がある。映画において女優は、男が考える理想の女性を演じることが多いが、実情としては「こんな女、いないよね」と思われていることもあるのではないか。

一人の女性について、映画で考える

確かに僕は、女性を主体にしている作品が多い。ただ、主体の意味が少し違っていて、ある宿命を背負った女性が真ん中にいて、その主体に対して、登場人物たちが向き合っているという構造。女性を巡る男（たち）の映画でもある。

僕自身の気持ちとしては、男たち、つまり俳優たちの手を借りて、一人の女性について考えているようなものだ。

だから、主演は女優でも、共犯者は男たち＝俳優たち。

どのように向き合うのか？

いつもそんな話を俳優たちとしている。

もちろん、中には俳優たちの手に負えない女優もいる。その場合は、僕が撃沈覚悟で、女優に接する。女優がなるべく心を開くことができる環境づくりを目指す。そうすることで、ようやく俳優たちが女優にコミットできる。そんな時もあった。

大抵の場合は、俳優たちが非常に豊かなコミュニケーションを女優ととってくれるのだが。

ただ、忘れてはいけないのが、俳優たちもまた、とても繊細な生きものであるということ。

世の中の人が想う「女優」的な人は、俳優、すなわち男優にも、かなりいる。むしろ、男優の方が「女優」っぽい部分がある。自分がどんなふうに映っているかを気にしている。

対して、実際の女優は、案外サバサバしていて、みなさんが考える「男優」のよう。リーダーシップがあるのも、女優の方だ。

ヒロインを、いかに組み立てるのか

尊敬する監督・成瀬巳喜男が、最も敬愛していたのが、女優・高峰秀子だった。高峰秀子は、成瀬映画にはなくてはならない存在だった。つまり、右腕。名匠、木下恵介監督も、高峰秀子を「デコちゃん」と呼び、非常に頼りにしていた。まるでチーフ助監督のようだったと伝え聞く。

「デコちゃん、今日はどうする？」

「先生は、どうしたいんですか？」

そんなふうに、監督たちは高峰秀子に相談していたと聞いたことがある。

あの小津安二郎監督だって、原節子の美に傾倒し、原節子という存在がいたからこそ、あの非日常の世界観を創出できた面があったんじゃないか。ある意味、原節子が、小津安二郎の自信を支えていたとも言えるかもしれない。

ヒロインをいかにして組み立てるかは、映画の重要な基点となる。では、僕はどのように組み立てているのか。

一つ言えるのは、女優の鏡となるのは共演者たち=俳優たちであり、彼らが女優を輝かせる大きな要《かなめ》となるということ。

自分なりの女優との向き合い方。それを振り返ってみようと思う。隠すほどのことも特にないので、一人一人、散文的に、見つめ直してみたいと思う。

第一章 ２０２０年から２０１６年

『劇場』松岡茉優、
『ナラタージュ』有村架純、
『リバーズ・エッジ』二階堂ふみ、
そして『ピンクとグレー』夏帆・岸井ゆきの

『劇場』、自負を口にする女優

『きょうのできごと a day on the planet』（２００４年）、『ロックンロールミシン』（２００２年）、『贅沢な骨』（２００１年）。自分の物語として、クリエイターとして、フェティッシュな意味で、それぞれ自分にとってしっくりくる大切な作品だ。

あれから代表作と呼ばれるものがなかったわけではない。様々な挑戦もしてきた。

今、僕にとっていちばんしっくりきているのは『劇場』（２０２０年）だ。本当に撮りたかった映画だし、二十数年積み上げてきたスキルや経験、その全てが過不足なく投入できたのではないかと思っている。それでいて、適度に力も抜けている。焦りもなかった。自分としては本当にしっくりきている作品。

その立役者が松岡茉優だった。

だが当初、彼女のあり方は不安要素の一つでもあった。

僕が相対してきた中では異質な女優だった。松岡茉優は自分の女優としてのキャリアを重んじている。「私も長くやってきたんで」と口にする。８歳で芸能界入り。芸歴は

『劇場』
Blu-ray＆DVD発売中
●発売・販売元：よしもとミュージック © 2020「劇場」製作委員会

長い。そこからの深い想いなどもあるのだろう。また、どこかで自分に暗示をかけているのかもしれない。つまり、これだけ長くやってきたのだから自分は大丈夫なのだと。

自負を口にする人は珍しい。最近は、謙虚なふりをした自信家が多い。

松岡茉優は自分を鼓舞するように「大丈夫です。わかります」と答える。

又吉直樹さんの小説を読むと、『劇場』の沙希ちゃんは、芸人や作家など作り手のそばにいる女性で、一歩下がって相手を盛り上げていく過程で自分を見失っていく。言ってみれば、芸事をしている怪物の自意識に巻き込まれてしまった被害者である。

そんな沙希ちゃんに、ストロングスタイルの女優、松岡茉優でよかったのかな……これが、初めて彼女に逢った時の正直な感想だった。

だが、松岡茉優はわかっていた。

ラブストーリーとして描きたいことを理解しているというより、この映画が社会に存在する上でどうあるべきか、それがわかっていた。

わがままで無自覚な男が加害者で、沙希ちゃんは被害者なのだと。

そういう人と別れられないでいる女性に対して「別れろ！」と訴えるような役をやります、と松岡茉優は最初の打ち合わせで言った。「こういう女性がいることを私は知っています。私は違いますけど」と、きっぱり。凄かった。

だが、そんな松岡が沙希ちゃんを演じることは、彼女にとってストレスにならないだろうか。そんなことも僕は考えた。

癖なのか、演技プランなのか

だが、彼女には企みがあった。

沙希ちゃんが被害者に見えるためには、自分がどうあればいいか、俯瞰で考えていた。永田役の山﨑賢人は感覚的な俳優。自分が演じたことに対しても、いい意味で意識的ではない。撮影現場では、松岡茉優とよく話していたが、彼女の方が熱心に話しかけていて、これは、沙希ちゃんが永田という劇作家に振り回される物語だから役柄が逆転している印象すらあった。

撮影が始まって、気になることがあった。初日から、やたら前髪に触れている。前髪に触りながら話す。かなりの頻度でそうしている。これはなんだろう？　本人の癖かな、と最初は思った。

僕は、演じ手本人の癖を省いていく監督だと自負している。

たとえば『クローズド・ノート』（２００７年）では、沢尻エリカの腕組みをやめさせた。彼女は緊張すると、腕組みをする癖があった。あるいは『ＧＯ』（２００１年）の窪塚洋介には、ポケットに手を入れるのをやめてもらった。

その人自身の癖は、できるだけ排除したい。

癖は誰にでもある。あるベテラン俳優は、すぐ首を触る。おそらく首を触りながらでないと、平常心が保てないのだろう。監督によっては、その癖をやめさせると、ぎこちなくなってしまうのがわかっているから言えない。みんな、わかっている。目に付いている。しかし、自然な芝居ができなくなってしまうのが怖いから、指摘できない。首を触る癖も、役の個性ということにして受け入れる。僕はその俳優と一緒に仕事をしたことがないが、彼が出た映画を観ると、いつも首を触っている。

日本の役者の凄さは、いわゆるメソッドという訓練を受けずに、演技を現場で学んでいること。カメラの前で自然に立つということを、経験を通して自己流で体得している者が多い。これは映画だけでなく、演劇もそう。

もちろん強固なメソッドを有する映画監督や劇団演出家もいるけれど、ごくわずか。

僕自身はメソッドへの憧れもあるものの、日本の演技の良さは、それぞれが自分で学んでいることだと考えている。

これは、ロックバンドの成り立ちに似ている。音楽大学を優秀な成績で卒業して、学んだ音楽技法で作曲・演奏していくのではなく、好きなバンドの楽曲をまずはコピーしてみる。とにかくギターに触ってみる。歌詞も書いてみる。好きなバンドの真似でいい。

やがて、それが自己流になっていく。

役者たちと話していると、そんなロックやパンクのあり方と似ているなと、いつも感じる。

松岡茉優はそうではない。子役から積み上げてきた経歴がある。非常に冷静にキャラクターを捉え、その上で押し通したい演技技法があったのだと思う。

山﨑賢人はまさに、メソッドのないところからステージを上げてきた俳優で、フィーリングを大事にしている。だから時に演技が即興のようになり、後から「俺、そんなことしてました？」となる。これがどういうことかと言えば、場所や相手役に影響されるということ。つまり、山﨑賢人は松岡茉優に影響を受けていた。

あるシーンで、こんなことがあった。

「監督、凄いですね！　今の山﨑くん、最高だった！」

そんなことを、僕のところまで言いにきた。

おそらく松岡茉優にとっては、自分がどう映っているかより、山﨑賢人がどんな芝居を返してくれるかが重要。そんな演技に対して確信のある女優が、なぜ前髪を触っていたのか。僕は確信を得ないまま撮影を続けた。

クライマックスまで、駆け引きは続いた

撮影2日目。彼女はやはり前髪を触っていた。

だが、それが癖なのか、彼女の演技プランなのか、僕には判断できなかった。

これは、触りすぎではないか。そう思い、言った。

「松岡さん、今の芝居、良かったけど、ちょっと髪の毛を触らないでやってみて」

「そうですか。わかりました」

今度は全く触らないでやる。

初日は、監督が何も言わないから、前髪を触るということを押し通した。だが、言われたら、やらない。これは、どういうことなのか。

自分は沙希として前髪を触りたい、とは言わない。そうなるとだんだん、駆け引きのような気持ちになってくる。

次のシーンでは、また前髪を触り出した。その次のシーンでも触っている。

「演技として、前髪を触ってる？」

そう訊きたいが、訊かない。

答えを訊かないまま、撮影は進んでいった。

『劇場』はほぼ順撮り（物語の順番通りに撮影していくこと。通常はスケジュールの関係で、物語の時系列とはバラバラにシーンを撮影する）だったから、沙希ちゃんは永田に振り回されて次第に病んでいく。

すると、松岡茉優は次第に髪に触らなくなっていった。沙希ちゃんが最も辛い状況の時、もう完全に前髪を触らない松岡茉優がいた。

やはり、そういうプランだった。

クライマックス、沙希と永田は同棲も恋人関係も解消。沙希は実家に帰って療養。その後、荷物をまとめに東京に戻る。

『昔の台本が出てきたんだよ。私の宝物』

その台本は、沙希ちゃんが一度だけ永田の劇団の公演に出演した時のもの。

『ナガくん、ホン読み上手だから読んでよ』

『うん。じゃあ、読もう。沙希ちゃん、女役ね』

『ええ』

そこで、松岡茉優は髪を触った。

病んでから触らなくなっていた前髪に触れた。

つまり、女優を夢見て青森から東京に出てきた沙希ちゃんは自意識というものがある時は、髪の毛を触っている人だった。自分は大丈夫。そんなふうに、自分を整える。髪を触ることで自分を整える人だった。

永田と台本の読み合わせをすることによって、沙希ちゃんは昔に戻れた。

そこで吐露する。

『ナガくんがいてくれたから、私は東京にいれたんだよ』

『ごめん』

『だから謝らなきゃいけないのは、こっちの方なんだよ』

そんなふうに、あの頃のふたりに回帰していく。しかし、もう後戻りはできない。

これは、あくまでも僕の分析。松岡茉優とはこの話はしていない。映画を分析し、女優を分析し、心理を分析した結果にすぎないのだけれど。

もし、彼女が「沙希を演じる上で前髪を触ることにします」と事前に言ったとする。

そうなると、その女優の演技＝プランに対して演出する側は非常に構えることになる。

なぜなら、それが一つのルールになってしまうから。しかし、松岡茉優はこのことについて一言も言わず、前髪を触り続け、ある時、自主的に触らなくなり、そして、クライマックスで再び触った。僕は、彼女の真意がわからないまま撮っていた。だから感動した。

松岡茉優は、凄い女優だと。

編集で、感情のグラデーションを発見

松岡茉優は、無敵だ。

ルックスや雰囲気は、どちらかと言えばナチュラル。だからこそ、何者にでもなれる趣がある。可愛くも見えるし、普通にも見えるし、何かが歪《ゆが》んでいたり、捻《ねじ》れていたりするキャラクターもできる。勇敢な役もできるし、非情なスナイパーもできる。色気も

出せるし、色気を排除することもできる。しかも、どこか生々しい。

そんな彼女が、「沙希ちゃんみたいにならないで！　みんな！」、そんな気持ちで『劇場』を引き受けてくれた。こんな視点を持った女優はなかなかいないし、本当に巧みだと思った。

今思えば、彼女は明確に仕掛けていた。やろうとしていることがあった。

でも、撮影中に、それを聞き出してしまうと、彼女としては「やった方がいいですか？　やめた方がいいですか？」と問わなければいけなくなる。

これは、僕としても、つまらなくなってしまう。だから、あえて訊かなかった。

たとえば原作にある重要な描写を、やはり映画でも踏襲しようと思うことがある。それは監督の演出的な意図だ。

だが、映画はそういうものばかりで出来ているわけではない。演じる側から自発的に生まれてくるものも大事だ。

自発的に生まれたものに対して、監督がＯＫを出す。一旦、認められてしまうと、自発的に生まれたはずのものが変貌してしまう。監督が望んでいることに近づけていくことにもなる。演じる側が誘導されることにもなりかねない。

だから僕は、言わない。訊きたいけれど、我慢して訊かない。

もし、やり過ぎかな、と思ったら、別なパターンも撮っておけばいい。まさに松岡茉優の時は、髪を触らないヴァージョンも撮った。

ところが、編集してみると、明確に女優の意図が伝わってくる。

20年以上一緒に仕事をしている編集の今井剛を、僕は信頼している。その今井は、髪の毛を触らないＯＫカットを使わずに、髪の毛を触っている方を使った。映画の全体の流れから、その方が自然だと判断したのだ。そうか、そういうことか。やっぱり凄いなと思った。

編集で組み上がって初めて見えてくる、感情のグラデーション。その決定的な美しさ。

松岡茉優は、明らかに技巧派。しかし、撮影中は、演技が技巧であることを知りたくなかった。知ってしまうと自分が醒《さ》めてしまうから。

知らないままでいたかった。知らないままでいてよかった。

技巧派が、感覚派を輝かせる

松岡茉優は、技巧派。山﨑賢人は、感覚派。だから『劇場』はよかった。おそらく、松岡はやりがいがあったと思う。なぜなら、自分の技巧で相手の感覚が変わっていくから。

しかも、彼女は体力、持久力がある。だから、山﨑賢人が輝いた。いつもなら、男優が女優を輝かせる。しかし、松岡は山﨑を輝かせ、反射して自分も輝いていた。

映画を撮影しながら、女優を探っていきたい。そう思っている時は、その気分が映画にも映る。だから、映画のラスト、沙希ちゃんの表情を見て、そうか、これが沙希ちゃんの素なんだと発見できた。

つまり、『劇場』は、松岡茉優によって、あのような映画になった、という面は間違いなくある。

女優と本当にわかり合えるのは、映画が出来上がってからかもしれない。松岡茉優の凄さも、編集しながら体感していた。

あの小説を普通に読めば、沙希ちゃんはウサギのような女の子、いじめられると寂しくて死んでしまうような弱い子と思うかもしれない。もちろん、そこに寄せたキャスティングというものはあるし、それにふさわしいキャストもいる。

だが、松岡茉優はそうではなかった。だからこそ、一緒にやってよかった。

沙希ちゃんは我《が》がない女の子。松岡自身には我はある。しかし、演じる上では、その我を抜いて、ちゃんと我のない女の子になっている。ここも凄い。

誰にだって、我がある。しかし、本人の我が演技に出てしまうと興醒めする。

本人の我があからさまに見えるとがっかりする。演技になっていない、とも思う。それを厳しく言う監督もいるだろう。僕は言わない。もし言っても、反発や対立が生まれるだけ。それよりも、なるべく我が映らないようにする。

たとえば遠くから撮る。豆粒みたいに。その我が通り過ぎるまで待つ。我が消えたら、近くで撮ればいい。そんなふうに遠くから撮ったカットは大抵編集で消えてしまう。

とにかく松岡にはそんな我は一切なかった。

松岡茉優は脅威だった。末恐ろしい女優だと、あらためて思う。

『ナラタージュ』、役の我が宿る

島本理生さん原作の『ナラタージュ』（2017年）は、映画化実現までに10年以上を要した念願の企画だ。

その十数年の間に有村架純がデビューして、彼女に決まった。企画が始動した時点で、有村は芸能界には存在していなかったわけだから、これは感慨深い。

明らかに彼女だな、と思った。大女優になる予感がとてつもない。風格がある。

何よりも声がいい。彼女のあの落ち着き払った口調。普通の人の1・5倍くらい時間をかけて喋《しゃべ》っている。抑揚がないわけではないが、淡々と話す中に情念のようなものが籠《こも》っている。そして湿度が高い。だから観る側は惹《ひ》かれる。しかし、そこには女性特有の面倒な何かが介在している。

この面倒くささというものを、どうにか取り繕って演技をする人が多い中、有村架純は、決して取り繕わない。心情がよくわからないからこそ人は人に惹かれるわけだけど、彼女の目は多くのものを語っている。

そういう意味では、この人は、本人の我ではなく、役の我を宿らせる女優なのだと思

『ナラタージュ』 通常版
DVD発売中
●価格：4,180円（税抜価格3,800円）
●発売元：アスミック・エース／KADOKAWA ●販売元：東宝

う。そんな彼女の真骨頂を『ナラタージュ』では撮りたいと思った。

有村架純なら、かつて山口百恵が演じていたテレビドラマの〝赤いシリーズ〟もできるだろう。彼女は、松岡茉優とはまた違ったモンスター。技巧もあるが、女優としての欲がある。

謙虚な人だ。だが、欲がある。それはコンプレックスの裏返しなのかもしれない。

今から考えると信じられないが、なかなかオーディションに受からなかったと聞いた。遅咲きだ。このままでは自分は置いてけぼりになるのではないか。その頃感じていたコンプレックスも、女優としての欲に影響していたと思う。

自信のなさは感じない。どちらかと言えば、クリエイターが感じるコンプレックスに近いかもしれない。自分はこれしかできないが、果たしてこの道で正しいのだろうか。そんな表現者としての惑い。

つまり、自我と闘っている。そこが、役とリンクした。自我と闘ったことがない人にはわからないものが『ナラタージュ』という小説にはある。

高校生の時、孤立していた自分を救ってくれた先生に、大学生になってからも恋をしているヒロイン。あの捻れた一途さは、単に健やかに生きてきた人には簡単にわからない世界。自分の想いを抑圧しているからこそ生まれる情念。それを有村架純は表現できる。

流麗なメロドラマができる人でもある。劇中に、成瀬巳喜男の名作『浮雲』が登場するが、有村架純なら『浮雲』も、やはり成瀬の『乱れ雲』もできるのではないかと思わせる。

誰かに対する思慕を、言葉にしないで表情で見せてくれる。

できれば、拒絶されたい

この映画は雨のシーンが多く、結果、濡れる場面も多くなった。雨に濡らしたくなる女優でもある。

監督としてはサディスティックな気持ちにもなる。しかし、彼女はマゾではない。こちらが勝手にサディスティックな心情になっているだけ。思うに、監督にサディスティックな気持ちを抱かせてくれる女優は、マゾなわけではない。

もし、監督がサドで女優がマゾだったら、関係性としてつまらない。要求の激しい監督と、それに従順に応える女優。これでは関係性が一定で発展性がない。

そうではなく、こちらのサディスティックな要求に対して抵抗する、拒絶する。そんな顔に直面した時、グッとくる。サディスティックに攻めていったのに拒絶されて、今度はこっちがマゾヒスティックになる。そんな関係性が理想。

泉という女の子は、基本的にはノーマル。しかし、ちょっとイタい女の子ではある。端正で可愛らしくて、普通に男の子から好意を抱かれるけれど、頑固な部分を持っていて、自分がこだわっている葉山先生にはとにかく向き合おうとする。その意味では能動的で、決してマゾではない。むしろサディスティックな面がある。

泉が葉山先生に熱いシャワーをかける印象的なシーンは、そうして生まれた。サディスティックな彼女を追い詰めたい。その拒絶した顔がいい。撮影は、そんなことの連続だった気がする。

有村架純は一見、優等生と思われている。あの頃は特にそうだった。そう思われていることへの不満もあったのではないか。だから、そうではないものが画面に映っているといいなと感じた。かなり幅広いレンジを持っている女優だし、彼女なりの素材感、特にあの湿度の高さを前面に出したかった。

葉山先生が松本潤だったことも功を奏した。葉山は、自分はダメだダメだと言い続けながら、泉のことも心配するタイプの、ある意味、メンヘラな部分も持ち合わせた男。それまでのキラキラした松本潤にはなかった役だが、松本潤でないとできない役でもあった。閉ざしていた男の中から一気に感情が出てくる――これは松本潤ならではだった。

葉山はクヨクヨした役だから、松本潤はアウトプットできないフラストレーションを

抱えていた。鬱屈した抑圧や苛立ちは、有村架純も泉という役から感じていたはずで、

これはいい組み合わせになった。

美しさと醜さの同居が、見たい

これは、僕にとってメロドラマの極致。

ラスト、ふたりは最初で最後の性行為をする。もちろん美しく撮ろうと心がけたけど、僕が本当に見たかったのは、次の日の朝、泉が先生の家を去っていくその顔。そんな彼女を葉山が見ている二重三重の痛さを描きたかった。これが自分にとってのメロドラマ。

有村架純は怒った顔がいい。

風邪をひいた泉の見舞いに葉山が行き、お粥《かゆ》を作り、林檎《りんご》まですりおろすが、結局、葉山は泉が言ってほしいことを言わないという場面。あそこはすごく好きで、自分が撮ったシーンの中でも特に気に入っている場面の一つかもしれない。彼女の湿度ある演技が映えた。反発と怒りの表情。

有村には、男性が好む可愛らしさも華麗さもある。でも『ナラタージュ』は、好きに

なってはいけない人を好きになる物語だから、画面の真ん中に立ちながら、心情的にはどこかバランスが崩れていてほしかった。

　不細工な顔が撮りたかった。

　ストーカーに追われて逃げて逃げて、葉山先生の家の前まで行く。だが、なかなか帰ってこない。先生はコンビニの袋を下げて、ようやく帰ってくる。やっと逢えたのに、泉は帰ろうとする。

『なんで帰るんだよ。何があったんだ？』

『先生には関係ないでしょ』

　葉山を頑《がん》として拒絶する。本当は一緒にいたいのに、感情は甘いものだけではなくて、苛立ちや怒りに変わる。矛盾した心情。その時の顔がよかった。

　カットをかけて、有村のところに行って伝えた。

「不細工な顔してたね」

「それって褒め言葉ですか？」

　すごく嬉しそうな顔をして笑っていた。

「そりゃ褒め言葉だよ」

もう彼女はわかっていた。

不細工な顔もさらけ出さないといけないのが、女優。コンプレックスも含めた自分の容姿と付き合っていかないといけない。

そういうものを、見せられた。届いた。

そんな実感があったから、嬉しかったのかもしれない。

あの嬉しそうな顔をした有村を見た時に、彼女はこれからもっともっと凄い女優になると思った。

自分をさらけ出すことに達成感を見出すことができる人は、期待できる。

有村架純とはまた仕事がしたい。いくらでもやりようがある。これは松岡茉優にも言えることだけど、どんな役に当てはめても面白くなりそうな予感がある。清楚でありながら、強烈に匂い立つものがある。

そして、女優としての重力。重い色っぽさがある。昭和の大女優が持っていた重さ、肌質、空気感、フォルムに通ずるものがある。

10年以上、様々な女優で想像してきた『ナラタージュ』だが、有村架純で撮ることができて、本当によかった。

女優は、美しいのが前提。だけど、美しさと醜さが同居していなければ、人間ではない。

ラブストーリーなら、日常や社会生活では誰にも見せていない、その人の見苦しい顔も見ることができる。

有村架純はそれを見せてくれた。

『リバーズ・エッジ』、真剣勝負の淵

二階堂ふみには、完全に自分のヴィジョンがある。時期によってやりたいことは変わるようだけれど、積極的に自分を試したい人であることに変わりはない。思いついたことは、すぐやりたい。このポテンシャルが行動に結びつくタイプだ。

当時、彼女は岡崎京子の漫画に出逢い、『pink』と『リバーズ・エッジ』を両方映画化しようとしていた。僕は『pink』をやりたいと思った。というか『pink』なら自分

でもできるかもしれないと思った。ところが二階堂は、『リバーズ・エッジ』を僕にやってほしいと言う。『pink』は別な監督さんで決まっていると。

どうやら映像化権を持っている人と知り合いになり、その人が映画化しないなら私がやります、ということになったらしい。二階堂は小沢健二の許《もと》に行き、岡崎京子さんを紹介してください、とお願いした。「じゃあ、一緒に京子ちゃんのところに行こうか」ということになり、実際に岡崎さんと逢って、きちんと話をして承諾を得たようだった。なんという行動力。

サブカルチャーに憧れがあった僕にとって、岡崎京子の『リバーズ・エッジ』は数多《あまた》あるサブカルの中でもトップ中のトップだった。赤裸々なまでに90年代という時代が全てぶち込まれていた。

先輩の監督たちが映画化を試みながらも、みんな断念してきたことも知っていた。それだけに畏《おそ》れ多かった。ただの映画漬けの青春を送っていた自分が、そんな伝説の漫画を手がけていいのか。その一方で、客観的に見ている自分が関わった方が上手くいくのかもしれないと少し思ったりもした。あの時代を知っている者として、断ることもできない。抵抗せずに引き受けた。

不思議なことに、二階堂はプロデュース的な世話役をやってはいたが、演出には一切介入しなかった。自分が演じて評価される側にいる、そのことへの謙虚さは持ち合わせていた。だから、こうしたい、ああしたい、ということはなかった。

だとすれば、これは真剣勝負だ。

二階堂が望んでいたことは、一つ。

「これで、ベルリン映画祭に行きたいです」

僕が『パレード』（２０１０年）でベルリン国際映画祭の国際批評家連盟賞を獲ったことを知っていた。

初めて逢ったのは、釜山国際映画祭。共通の知り合いである監督キム・ギドクに言われた。

「フミと映画、撮るんだろ？」

「えっ？」

出演作『私の男』で映画祭に招待されていた二階堂は僕の隣に座って言った。

「行定さん、帰国したら話があります」

実際、帰国後、連絡があり、舞台をやっているから観に来てほしいと言われ、その後に、いきなり『リバーズ・エッジ』をやってほしい、と言われた。

そこからは急発進だった。

「今年中に撮りたい。ベルリンに行きたい」

「なら、原作は冬が舞台だけど夏に撮るしかないよ。ベルリン映画祭は2月だから」

夏の終わり、ニット帽をかぶっている二階堂ふみを撮った。

わからないから、撮っている

吉沢亮を山田役にしたのは、二階堂のアイデア。ふたりは『オオカミ少女と黒王子』で共演していて、二階堂は「山田くんがいた」と思ったらしい。

他のキャストのオーディションには二階堂も参加した。サングラスや帽子で変装していたが、逆に目立って、二階堂だとバレていた。妙な緊張感漂うオーディションにはなったが、それが功を奏し、原作によく似たキャスティングになった。

結局、ベルリン映画祭のパノラマ部門オープニング作品に選出された。僕のキャリアとしては一番花形の場での上映。なにしろ、その日は、ウェス・アンダーソンの監督作品と、『リバーズ・エッジ』（２０１８年）だけ。ウェスの映画はもちろん満員。こちらも満員。誇らしかった。

ベルリンで最も評価されたのが、登場人物たちにインタビューする場面を挿入したこと。なぜ、インタビューしようと思ったかと言えば、二階堂に「90年代を舞台に映画を作って、今の客は共感するのかな？」と訊いたら、「みんな共感します。共演している同学年たちも共感していますから。

他のキャストも「このシナリオは面白いし、今の自分たちと変わらない」と言うので、わかった、だったら君たちにインタビューするよ、と。

今の若者たちがどれくらいわかっているのか。そして、それは僕たちの理解とどう違うのか。それが知りたかった。

僕は90年代を経験している人間だが、自分が知っている90年代を押し付けるつもりはない。撮影時の２０１６年を90年代として撮ったけど、演じるのは２０１６年という今

『リバーズ・エッジ』
DVD 通常盤
●価格：3,800円＋税 ●発売元：ソニー・ミュージックソリューションズ

を生きる若い演じ手たちだから。

たとえば「愛ってなんですか？」と訊く。もちろん、台本はない。

自分が演じるキャラクターを通して、自分自身の考えを持って、答えてほしかった。それぞれに1時間ほどインタビューしたものを編集して、劇中にインサートしている。

あくまでもキャラクターの範疇で答える子。自分のことしか考えてない子。何も考えていない子。いろいろいて楽しかった。

冒頭に登場する二階堂ふみはやはり面白かった。彼女は元々言うことがとにかく批評的で、社会的なので、インタビュー形式を発想したところがある。

演じる役のハルナと自分を同化させながら話している部分もあって、こうした接点から90年代を描かないと、漫画のただの焼き直しになると思った。

当時は、漫画の映画化がとにかく多く、漫画のキャラクターに役者をビジュアルから寄せるのが主流だった。自分は漫画の映画化をしたことがなかったこともあり、別なことを試したかった。

原作の漫画を解体するほどの知的パワーが僕にはない。では『リバーズ・エッジ』の世界をどう掘り下げるか。90年代初頭の漫画を２０１０年代中盤に映画にすることに、なんらかの客観性を持たせたかった。それが画面に映ってほしかった。だから、最終的にはカットするかもしれないけど、インタビューさせてほしいと、キャストにお願いした。

二階堂が何を考えて、この漫画を映画化しようとしたか。彼女の頭の中を、カメラの前で覗いてみたい。これも大きかった。いったい、なぜ、こんなことを企てたのか。たとえば思春期特有の孤独について質問することで、それが見えてくると思った。

結果的には、カメラの前で声を出すことで、僕も、演じる彼女たちと同じ立ち位置に立てた。演出家として、同じところに立てたことで、ようやくわかったこともある。

映画監督は、何か物がわかっているような顔をしているけれど、実は大してわかっていない。「何もわかってないのに映画撮ってるのかよ」と思われるかもしれないが、あらかじめわかっていることを撮るのはつまらないと考えている。そんなつまらないものを観客に見せてはいけないとも思う。

想定していたことが壊されると逆に発奮できるし、ネクストの原動力にもなる。いずれにせよ、完璧なものを作ってしまったら、監督は終わりだ。

台本に「泣く」とあっても、泣かなくていい

そもそも、自分には完成形のイメージがない。だから、この企画も引き受けることができたのかもしれない。

岡崎京子の漫画以上のものにはなりようがない。あのコマ割りが凄いわけで、映画であの演出に匹敵するものはできるはずがない。映画化したら、漫画の熱心なファンに叩かれるに決まっている。だが、二階堂ふみは真剣だった。彼女の「やりたい」は真剣だ

った。だから引き受けることができた。

ハルナは決して演じ甲斐がある役ではない。驚いたり、感動したり、全部、受け身の役。それを演じた二階堂はハードボイルドだった。そして、最後の最後はハルナで終わる。

台本にはハルナは山田の言葉に「泣く」とあったが、二階堂は泣けなかった。

結果、涙を堪《こら》える形になったが、泣けなかったことがラストシーンをより濃くした。

これは誰に対してもよく言うことだが、たとえ台本に「泣く」と書いてあっても、別に泣かなくていい。僕たちが映画を通して着地した場所でいい。

むしろ、泣かないことで、寂しさや不安は浮き彫りになった。

二階堂は悔しかったかもしれないが、僕は映画が深くなったと思っている。

彼女はプロデューサーとして奔走し、キャストたちへの気遣いも素晴らしかった。だが、演出には口を出さない。それはやはり、演じ手としての自分に必死に向き合っていたからだと思う。格闘していた。苦悩していた。その様が、ハルナに重なった。

『リバーズ・エッジ』はハルナという女の子が奔走する物語だからだ。

そこに、二階堂のバイタリティを見た。

1980年、原田美枝子は「刹那」というペンネームで原案・脚本を書き下ろし、自らの製作・主演で『ミスター・ミセス・ミス・ロンリー』を撮った。その時、彼女は監督を神代辰巳に依頼した。

原田美枝子がいきなり、豊満な肉体を晒すシーンがある。ヴィヴィッドだった。『リバーズ・エッジ』でも二階堂ふみは成熟した裸体を堂々と見せた。彼女が自ら事務所を説得して撮られた場面だった。

無鉄砲で、自分が動けばなんでも実現すると信じている。そして、実際、成立させてしまう。原田美枝子と二階堂ふみが重なった。

原田美枝子は神代辰巳を選んだ。二階堂ふみは僕を選んでくれた。

『ピンクとグレー』、表裏の妙

『ピンクとグレー』（2016年）では、男たちの愛憎劇に花を添える形で、ふたりの女優に出演してもらった。

僕の映画に出てくる男は大体ダメなヤツばかり。立派な男性はまず出てこない。これもそうで、身勝手に屈折している男たち。それを支える部分を担ってもらった。夏帆は女優の役。最初は清純派女優として始まるが、途中から、とんでもなくアッパーな女優になっていく。

僕は夏帆さんのファンだった。あの佇まいが好きで、いつか仕事をしたいと思っていた。

ちょっと複雑な構造の映画だし、なにしろ、後半の役はかなり際どい。この役は夏帆さんで、と切望したものの、引き受けてくれるかどうかはわからなかった。でも、この役を面白く受け取ってくれた。

全体的に、華やかなピンクと地味なグレーが入れ替わる構成で、夏帆さんにも、その象徴となるような人間の表裏を演じてもらった。清純で可愛らしい女性が、メイクもケバくて、どうしようもなく毒のある人だったという表と裏。他人の足を引っ張り、のし上がることしか考えていない自分主義のヒロイン。

夏帆さんは、若くしてスターダムに上り、それも安定してきたところで、もっと先に

『ピンクとグレー』（2016年）

行きたいという気持ちがあったのではないだろうか。

女優にしても俳優にしても、あくまでも他者評価。自分がこれをやりたい、というより、「求められて演じる」ということに快感を得られないと、特に女優はやっていけないと思う。だから、僕も監督として、できるだけ「求める」姿勢でいるようにしている。

映画にはもう一つ、表裏になる構造があって、また別の女性が登場する。それが岸井ゆきの。夏帆さんと岸井ゆきのは、顔つきが似ていると思う。僕の好きな顔立ち。失礼な表現になるかもしれないけど、ふたりともイルカのような可愛い顔をしている。これは系統として一緒ではないか。これも決め手になった。

岸井ゆきのは当時、まだほぼ無名だった。なので、パブリックイメージがない。だが、オーディションですごく印象に残った。

背が小さくて、でも地味な存在感がある。それは、夏帆さんとは一見、対照的だが、実は顔の系統は似ているという確信があったので、ヴィヴィッドな落差に繋がると思った。モノクロームがカラーに色づく構成も想定していたので、なおさら。キャスティングの妙になった。

オーディションで、決め手になること

オーディションでの一番の判断材料は声。演技の判断材料も声。ビジュアルは、どちらかと言えば、声の確認のようなところがある。さらにオーディションを重ねる場合は、その人が持っている幅が鍵になる。最初やらせたこととは全然違うことをやらせてみて、違うことにも可能性が感じられるといいなと思う。

自分を美しく見せる。女優ならそれを一番に考えてオーディションに来る。当然だ。だけど、美しさだけでなく、そこに無防備さも欲しい。

ばっちりメイクしてオーディションに臨む女優は、残念だけど「ごめんなさい」だ。なんなら、「すみません。顔洗ってきませんでした」と言えるくらいの人がいい。

特にパブリックイメージが既にある女優は、そのパブリックイメージのまま、来てしまう。それではダメで、「え？　あなたが、あの女優さん？」と思える方がいい。

『窮鼠《きゆうそ》はチーズの夢を見る』（２０２０年）のさとうほなみはオーディションで選んだ。僕は「ゲスの極み乙女」のライヴを何回も観ている。ドラマーとしての「ほな・いこか」は知っている。でも、オーディションに現れたさとうほなみは、全然ニュートラル。「ほな・いこか」のパブリックイメージとしてのインパクトを全然纏《まと》っていなかった。

とにかくニュートラルでいられるかどうか。それがオーディション。その意味では、岸井ゆきのは、とにかくニュートラルだった。ニュートラルだからこそ見えてくる存在感があった。

パブリックイメージを必要としていない理由は簡単で、基本的に新しい一面が見たいから。他の映画で既に見ている印象は必要としていない。新しい一面はどんな人にもあるわけだから、それが見たいし、オーディションではその端緒を見つけたい。

岸井ゆきのには、素朴さと透明感があった。これは、小さな巨人だし、大器晩成だなと直感した。彼女ならどんな役でもできる。そんな輝きに惹きつけられた。今や大変な売れっ子だけど、当然だと思う。

第二章　２０１４年から２０１０年

『真夜中の五分前』リウ・シーシー、
『円卓　こっこ、ひと夏のイマジン』
芦田愛菜、
そして『今度は愛妻家』薬師丸ひろ子

『真夜中の五分前』、世界でただ一人の女性

『真夜中の五分前』（2014年）の原作は、日本の小説。当たり前だが、当初は日本を舞台にするつもりだった。ところが、当時、国内ではラブストーリーは少女漫画原作が全盛で、なかなか企画として成立しなかった。

双子の姉妹と、一人の男の物語。自分が愛したのはいったいどっちだったのか？　本多孝好さんはそれを『side-A』『side-B』と両面を持つ小説として発表した。

三浦春馬には早々に声をかけていた。

どうやら国内では難しくなり、今度は海外で撮ることを考えた。最初は台湾で進めた。もう少しのところまでいったが、結局、資金が集まり切らず断念。

釜山映画祭の企画マーケットに出したところ、上海のＩＴ企業が興味を持ってくれた。映画界に進出したいと。上海を舞台にするなら出資すると言われ、『真夜中の五分前』は中国映画として出発した。

三浦春馬は既に中国で受け入れられている俳優だったので、問題はなかった。では、

『真夜中の五分前』

DVD発売中 ●価格：4,180円（税込） ●発売・販売元：アミューズソフト

女優はどうする？　となった。

国際的に活躍している中国人映画女優はごくわずか。しかも、彼女たちではどこかイメージが違う。華流ドラマの世界に目を向けてみた。するとリウ・シーシーという女優がいた。

いわゆる大陸的ではなく、日本人も親しみが湧く顔立ち。

とてもニュートラルな人。演出家の言うことを聴いて行動する。自分の意志では動かない。言語が違うからこそ、的確に指示を出す必要があった。

そもそも中国の映画界では全てが監督主義。監督が言ったことに倣《なら》って動く。そうなると、中国のお国事情ではあり得ないような指示をもし僕が出したとしても通ってしまう。

　これは困った。

　自分としては、中国の人が観ても、韓国の人が観ても、マレーシアの人が観ても、もちろん日本の人が観ても、違和感のないものを撮りたい。これが大前提。

　そこで、世界中のどの国にいる人が観ても、彼女が「世界でたった一人の女性」に見えるようにしようと考えた。

輪郭が薄くなれば、光も変わる

　このヒロインは、自分が姉なのか妹なのかわからなくなっていく。つまり自分の人格がなくなっていく。

　リウ・シーシーは、人物像の輪郭を薄くできる女優だった。もちろん濃くもできる。そこが面白い。

「あなたの輪郭が薄く見えた」

「え？　でも、今、どっちでもない芝居をしました」

「じゃあ、今度はもっと輪郭を薄くして」

そんなやりとりをしていた。

これは大きな学びだった。

役者にその技術があれば、監督が「絵のタッチ」を用意するのではなく、役者に「表現のデザイン性」を任せることができる。

リウ・シーシーのように輪郭を薄くできる女優なら、薄く細い線で見せることもできるし、時には輪郭を消して空気に溶け込む、ということだってできる。

双子の姉妹。だんだんふたりは一人になっていく。

そうなると、刺激されて照明のプランも変わってくる。逆光でシルエットを強調するだけではなく、彼女が光に溶け込むようなライティングもできる。発想が展開していく。

彼女は彼女で、僕がコントロールすることで、そこに向き合い、また新しいものを投げかけてくる。

この学びは『ナラタージュ』の松本潤の時に役立った。

彼には「目のシャッターを下ろして」と伝えた。

「あなたの目力は２００％だから、まず半分にして。この１００％をマックスにしましょう。ある場面では１００でいいけれど、普段は50でいてください」

そうすることで「目力30％」のシーンも撮ることができた。

つまり、抽象的な言葉でも具体的に指示は出せる。

答えは、共有しなくてもいい

リウ・シーシーはすごく声が小さい人で、ウィスパーボイスだった。ボソボソとフラットに話すので、僕ら日本人がイメージしている抑揚のある中国語とはかなり違って聞こえる。これもよかった。

彼女に非常に内省的な特徴があったからこそ、三浦春馬も影響されて内省的な芝居になった。もし、表現過多な女優だったら、春馬もあそこまで内省的な佇まいではいられなかった。彼の役がいくら内省的でも、彼だけが内省的ではいられない。

内省的なふたりが次第に距離を縮めていく。しかし、ついに心の底から真実を吐露することはない。この物語に、リウ・シーシーと三浦春馬はピッタリだった。

ルーメイとルオラン。一卵性双生児を、リウ・シーシーは一人二役で明確に演じ分けた。しかも、これ見よがしに違いを見せるのではなく、微妙に違うということをやってのけた。

そして、自分がルーメイなのかルオランなのかわからなくなってからの芝居の落差。ここが映画の肝だった。双子の片割れがいなくなって、自分がどっちだったのかわからなくなる。その演技がリウ・シーシーはできる人だった。不思議なシナリオを見事に形にしてくれた。世界中の人に見てもらいたい芝居。

彼女がこんなことを訊いてきたことがあった。

「彼女が嘘をついているかもしれない、欺いているかもしれない。つまり、自分がどちらなのかわからないフリをしている。その可能性は必要ですか」

「どう思いますか？」

「必要ではない気がします」

つまり、もし監督に答えがあったら、明確に欺くこともできるし、曖昧に欺くこともできる。そこまで考えている女優だった。

「ちなみに事故で生き残ったのはどっちだと思う?」

訊いてみたら、リウ・シーシーと三浦春馬の答えは一致していなかった。

ところが、映画のラストシーンで、ふたりは一致した芝居をしている。これが面白かった。

僕が「答え」を言わなくて本当によかった。

大事なのは、本人に違和感がないこと

リウ・シーシーは本当に表現が微動的。だから微妙な領域を追求できた映画だと思う。

そう考えると、日本の女優は感情過多なのかもしれない。日本人は感情を大切にする。

感情についての質問もある。そこが演出側とすれ違っていないかを気にする。リウ・シーシーには、それがまるでなかった。彼女とはこんなやりとりをしていた。

「この女性には、もうちょっと激昂する気持ちや怒りみたいなものがあると思いますか?」

「それを足した方がいいですか。それがもっと見えた方がいいですか」

「いや、心の中にそうしたものを持っているかどうかを確認したいんです」

「そういう気持ちは確かにどこかにあるけれども、そこまでの気持ちには到達していないので、次はもう少し強めにやってみます」

そうしてやってみると、ほんの少しだけ変わる。ほんの少しだけ。

通訳を介しているからこそ、会話が冷静になっていった。

印象的なのは、彼女とのこんなやりとりだ。

「この人のこの気持ちは、中国の人たちも同じように持つものでしょうか？」

「いや、それはわかりません。わかりませんが、少なくとも私はシナリオを読んだ時、このような気持ちが感じられました」

これは大きかった。

つまり、中国人として、ではなく、一人の人間として、しっくりくるかどうか。

『真夜中の五分前』以前・以後で変わったことがあるとすれば、演じ手に「違和感ないですか」と訊くようになったこと。一人の人間として「違和感」がないかどうか。

特に、女性にとって違和感があってはいけない。なので以降は、台本を渡した後に訊いている。

「違和感ないですか。あったら、今教えてください」

『円卓　こっこ、ひと夏のイマジン』、時代の奇蹟

わずかに例外はいるものの、主演クラスで同じ人と顔を合わせることがない。

作品ごとに毎回変えようとしているわけではないが、もし再度一緒にやるとしたら、そこには理由が必要になる。

どの作品も、出てくれた人と確固たる成果を残したと思っている。そんな相手と、もう一度やるとしたら、前作を超えなければいけない。いや、せめて匹敵するぐらいの役でなければ。

そう考えると、簡単に「次もお願いします」とはならない。

初めて顔を合わせる相手は新鮮。でも、もう一度やるとなると構えてしまう。

『劇場』の山﨑賢人とまたやりたいと思っても、じゃあどんな役がある？　となる。

俳優に較《くら》べて、監督は立てる打席が絶対的に少ない。やっと試合に出られる時に、同

じ相手とやりたいとも思うけど、やはりまだ手の内が見えない相手に惹かれてしまう。

どんな球を投げてくるんだろう？

そんなことを考えていると、自分の演出の可能性も広がってくる。

時が過ぎるのはあっという間。時代は常に変わっていく。

いいなと思っていた俳優がいつの間にか中年になっていたり、女優も成熟していたりする。青春を演じてもらうつもりでいたのに、それができなくなる。そういうこともある。

実際は、またご一緒したいと思う女優ばかり。ただ、自分は、題材選びから始まるタイプ。当て書き（演じ手を想定して脚本を作ること）はほとんどない。

いきなり、女優が「お題」として飛び込んでくることもある。吉永小百合さんの『北の零年』（2005年）は、主演女優と企画が一緒にやって来た珍しい例。二階堂ふみが『リバーズ・エッジ』を撮ってほしいと言ってきたことも、やはりイレギュラーだった。

『円卓　こっこ、ひと夏のイマジン』（2014年）は、あの時代に、芦田愛菜という女優がいたからこそ実現した奇蹟だ。

西加奈子の小説『円卓』を映画にしたかった。『円卓』をやるには手練れの女優が必要だった。それも子役の。いるのか？　いた！　芦田愛菜だ!!　時代が巡り合った。その時代でなければ成立しない映画がある。

あの時を逃すと映画にできなかった。『円卓』のこっこは8歳、芦田愛菜は8歳。奇蹟だった。もし1年遅れていたら、愛菜ちゃんは背が伸びて、こっこでなくなっていただろう。

ただの子供が、女優に変貌する

初めて逢った芦田愛菜は、ただの子供だった。

あれ？　愛菜ちゃんって、こんな子だったの？

劇中に出てくる「ジャポニカ学習帳」を渡すと、嬉しそうに、いろいろ書いている。

助監督とは普通に話すけど、緊張して僕の顔は見ようとしない。

お母さんは遠くにいて、とにかく黒子に徹している。

面接が終わると「ママー！」と走っていく。そして、チャージしてパワーアップして

『**円卓** こっこ、ひと夏のイマジン』
● Blu-ray：5,170円（税込）
● DVD：4,180円（税込）
●発売・販売元：ポニーキャニオン　© 2014「円卓」製作委員会

また戻ってくる。正直、不安だった。起用はもう決まっていた。

台本は渡していて、彼女は1回だけ読んでいた。

「内容、わかった？　どうだった？」

「うん、まあ、難しかったです」

よくわからなかった、そんな感じ。

大丈夫かな……想像以上に繊細で、静かで、あまり喋らない。

もちろん出演作は観ていたので、非常にナチュラルな子役であることは理解していた。

だが、目の前の芦田愛菜は、ジャポニカ学習帳に落書きしている、ただの小学2年生だった。

次に逢ったのは衣装合わせの時。

この時には既に「意志」があった。

「これ、可愛い！　これも可愛い！　あ、これ、こっこっぽい!!」

もう彼女の中に「こっこ」のイメージがあった。前回とは別人だった。

「あ、こんなのつけるんだー！　面白い！　グローい！　めちゃくちゃ面白い！」

目玉がついたヘアゴムを喜び、「こんなのどこに売ってるんですか？」とスタイリストに訊いている。人懐っこい。ますます別人だ。

そうして、「これは、こっこっぽい。これは、こっこっぽくない」と用意していた衣装やアクセサリーを選んでいく。8歳の女の子とスタイリストの間でもうコミュニケーションが成立していた。

3回目の遭遇は、台本の読み合わせ。

ロケ先の大阪。オーディションで決めた個性豊かな大阪の子供たちと一緒に。まだ演技経験の乏しい子ばかりだった。

車座になって、ホン読みを始める。愛菜ちゃんは台本を持っていない。あれ？　とお母さんの方を見ると「大丈夫です」と。つまり、全部覚えているから、台本が要らなかった。

ホン読みの段階で、台本を全て覚えていた。しかも完璧な関西弁。

他の子が台詞《せりふ》に詰まったら、教えている。つまり、全員の台詞が頭に入っている。

１ヶ月ほど前に初対面した小学２年生とはまるで違っていた。

「愛菜ちゃんは台本がなくても完璧なのに、なんで台本を持ってるお前たちは完璧じゃないんだ！」

助監督が子供たちを怒る。みんなシュンとしている。

僕は訊いた。

「愛菜ちゃん、どのくらい読んできたの？」

「５００回ぐらいです」

また助監督が怒る。

「お前たち！　何回読んだ？」

「２回」

「10回」

「芦田さんは500回だぞ！」

助監督が怒る。

僕が訊く。

「なんで、そんなに読むの？」

「あ、私、台詞覚えが悪いんです」

台本全てを完璧に自分の中に入れないと演じられないという。お母さんと一緒に暗記するように読んでいるそうだ。

「今回、大変だったのは関西弁なんですよね。お父さんとお母さんが関西人で、私も神戸にいたことがあるからちょっとわかるんです。なので、教えてもらいながら。違和感なかったですか？」

大阪の子供たちに訊いている。

驚いた。まさか、本人から「違和感」という言葉が出てくるとは。

「私がヘンだったら、教えてくださいね」

なんてことを共演者たちに言っている。

唖然茫然だった。

現場で、感情をプラスする

「子役芝居」というものがある。子役が一生懸命、子供のように振る舞う演技。

芦田愛菜はこれをしない。なぜか。

感情を撮影現場で作っているからだ。

台詞は完璧に覚えているが、それはあくまでも言葉をフラットに記憶しているだけ。

あとは現場で出逢う大人も含めた共演者、その場で生まれる衝動や感情で演じている。

「こうしなきゃ」がない。台詞をただ覚える。それだけが準備で、あとは現場で演技している。

そして、衣装。

こんな服を着るのね。こんな振り切った服が似合うこっこに見合う演技をしなきゃ。

おそらくそんな感じで、どんどんシンプルに情報を足していく。

眼帯をしているシーンで、鉛筆のキャップをなかなかはめられないという演技を加えてくる。

「なんでそんなことするの？」

「遠近感なくなっていると思うので、そうしました」

自分で考え、細かい芝居を加えてくる。

プラスアルファを衝動的にやってみる。それができる子だとわかったので、彼女がやりたいことをやらせてみることにした。そうすると、台本には書かれていないことをやる。しかし、シナリオから逸脱することはない。シナリオにある情報や要素をきちんと踏襲した上で、そうするのだ。

泣くこと、泣かないこと

忘れられないシーンが二つある。

まず、友達の家に行ったこっこが、偶然、その友達の両親が離婚するらしいという会話を聞いてしまい、床に寝っ転がったまま泣くという場面。

ドラマティックな悲劇はかっこいいと憧れるようなこっこが、「ええなあ」と思いつつ、友達のお母さんの気持ちになって泣いてしまう。難しいシーン。

まず、カメラを据えないでリハーサル。きちんと泣いている。

このテンションのますぐ撮ろうと思い、カメラのセッティングなど準備を急ぐ。

「愛菜ちゃん、次、本番いくね。いい？」

「はい」

そのまま横たわる。

「カメラ、こっちですか？ わかりました」

撮影部が用意している姿を見てそう言った。謎の言葉。

テストでは右目から涙が流れていた。

涙がこぼれる瞬間を撮りたかったが、右目からしか涙が流れない人もいる。もし、芦田愛菜がそうなら仕方がない。カメラアングルの関係で、左目から流れてほしいが、無理ならCGで対応しようと考えていた。

本番。

愛菜ちゃんは左目から涙を流した！

つまり、どちらからでも涙は落とせる。

彼女には、余計なものがない。今、カメラはここにある。涙は見えた方がいい。あとは感情を入れて本番。全て自分で判断して、自力でやっている。

しかも「今！」という絶妙なタイミングで、涙は流れた。驚異的だった。

もう一つ。

三つ子の姉の一人からせっかく返ってきた大事なジャポニカ学習帳を「こんなの要らん！」とわがまま言って、バーンとベランダから投げるこっこ。「何やってんの！」とお母さんにバシッと叩かれるシーン。

テスト。

本番でいきなり叩かれるより、どれくらいで叩かれるかわかっていた方が本人もいいだろうと考え、お母さん役の羽野晶紀にお願いした。

「ごめんね、愛菜ちゃん、本当に叩くからね」

「本当に叩いてください」

パシッ。

くるっと振り返ったら、ぐわーっと涙が出た。

「うわ、本番撮っておけばよかったですね」とカメラマンや助監督も言うほどの名演。

そこでひらめいた。

「愛菜ちゃん、本番では泣かないで。涙を流さないで。ものすごく泣きたいんだけど我慢して、その怒りを全部心の中に溜め込んで。もし涙が出ちゃってもNGと思わないでカットと言うまでやり続けて」

そんなことを伝えた。

「涙がこぼれそうになっても、ぐっと堪えて。そして、お母さんをぐーっと睨んで。ここで泣いちゃうのは、気持ちが弱いよね。強い人は泣かない。我慢してみない？」

「あ、わかりました」

本番。

目は涙ぐんでいるけど、怒りと反発が顔にみなぎっていた。

芦田愛菜はこんな顔するんだ。こんな顔ができるんだ。

テストをやってよかった。

もし、いきなり本番だったら、あるいはテストでカメラを回していたら。この顔は撮れなかった。

芦田愛菜のテストの演技から、泣かないで我慢するという演出が導き出された。

泣いてる顔もよかったが、泣かないで我慢している顔は、その何倍もよかった。

もちろん一発ＯＫ。

もし「今度は泣いてみて」と、もう一度撮ったら、完璧に泣いただろう。

芦田愛菜は、そんな女優だ。

美しさ、それ以上のもの

タイミングよく泣けない。そんなコンプレックスがある女優を知っている。この時の芦田愛菜を見せたかった。

ここぞ、というところで泣くことができれば、それは達成感に繋がるかもしれないが、

そんなことより、泣きそうになる、涙がこぼれそうになる、それを我慢することはこん

なに素晴らしいよと。

泣いた方が感情の発露がわかりやすくていいかもしれない。だが、「泣けた！」と思ってしまってはいけないのではないか。

女優が涙をこぼすシーンは美しい。だが、それ以上のものが見たい。

芦田愛菜がテストで泣いてくれたからこそ、その上を、もっとその上を見たいと思った。

8歳の女優に、映画の撮り方を教えてもらった。

愛菜ちゃんの凄いところは、自分のことを8歳だと理解していること。だから、自分が楽しめるところだけ楽しめるし、面白がれる。

演技経験のない他の子供たちにとって、芦田愛菜は間違いなく撮影現場を鼓舞する存在だったし、実際、芝居の上では統率力もあったと思う。

でも、愛菜ちゃんは、ちゃんと8歳の女の子として、他の子たちと一緒に遊ぶこともできる。カメラの準備をしている間なんて、みんなで追いかけっこしている。

ホン読みの時は先生のようだった芦田愛菜が、8歳の自分として楽しんでいる。

このことも含めて、彼女は天才だった。

『今度は愛妻家』、あの頃が跳ねる

相米慎二監督の『セーラー服と機関銃』、森田芳光監督の『メイン・テーマ』、根岸吉太郎監督の『探偵物語』……薬師丸ひろ子は、僕の青春そのもの。

あの頃の彼女の相手役は、松田優作にしても野村宏伸にしても、みんな背が高かった。

『今度は愛妻家』（2010年）を豊川悦司でやろうと思った時、薬師丸ひろ子なら組み合わせとしてすごくいいと思った。

『今度は愛妻家』は青春から一個先に抜けたものを描く夫婦劇。僕自身の青春期の終わりも投影している。

そこでイメージしたのは、薬師丸ひろ子がかつての角川映画でそのまま撮られ続けていたら？　僕が映画監督として、ようやく追いついて、薬師丸作品の演出を任されたら？　そんな架空の設定。なんとも勝手な妄想だけど。そんな映画にできたら、と思った。

『今度は愛妻家』
（DVD通常版）発売中
●価格：4,180円（税込）
●発売・販売元：アミューズソフト　© 2010「今度は愛妻家」製作委員会

このことは、薬師丸さんに最初に話した。

僕も歳をとったからわかることだが、自分の同世代や年上の人たちを見ていると、女性は年齢を重ねても、やっぱり可愛らしいものだなと感じる。

この作品は、女性の可愛らしさが永遠に封じ込まれて「妖精」のような存在になった妻と、彼女が亡くなった後、ずっと「最期の日」を繰り返している夫の切ない物語。

薬師丸さんは、すぐに僕が何をやりたいか理解してくれた。

終始、コメディエンヌとしての彼女が躍動している。

美しさだけではなく、喜怒哀楽の陰影が豊

か。歌うとめちゃくちゃ美声。気の強さも、儚《はかな》さも、全部ある。夫の記憶の中に存在する女性だから、全てを携えているキャラクター。

その可愛らしさを捉えるために、とにかく動いてもらった。

夫婦にとっての「最期の日」。走り去っていく妻の姿を、沖縄の海沿いの道で撮った。

相米慎二へのリスペクトもあり、長回し。

僕の想いとしては、若かりし頃の薬師丸さんに見たあのみずみずしさが、今もある。

それが、夫にとっては、忘れていたはずの妻の幻影がよみがえるようなものになる……そのようなことだった。言ってみれば、これは一方的な無茶振り。

ところが。

いざ、走り始めたら、もうどう考えても「あの頃の薬師丸ひろ子」にしか見えないような仕草と動きだった。

思わず、薬師丸さん自身が歌った、映画『メイン・テーマ』の主題歌の歌詞がよみがえった。

——蝶のように跳ねる波を見た——

文字通り、跳ねるように走っていた。

憧れが、本質を浮き彫りにする

薬師丸ひろ子は、あの時代を代表する女優。独創性あふれる、名だたる監督たちが次々に「薬師丸映画」を撮っていた。それはアイドル映画ではなかった。「薬師丸映画」だった。

薬師丸さんは、僕がイメージしていた通りの薬師丸さんだった。声も当時の延長線上で、とにかく可愛らしくて、目が離せない。

原作が舞台劇なので、きっちりリハーサルもやったが、薬師丸さんは決して演劇チックにはならない。光やフレーミングに対して意識的。なので、こちらも刺激された。

そして、模倣したいという想いも。

映画ファンなら、アンナ・カリーナという女優で、ゴダール映画のようなものを撮ってみたいと思うはず。あるいは、ジュリエット・ビノシュでレオス・カラックスのようなことをしてみたいと。

中学生の頃に熱狂して観ていた「時代のヒロイン」を、あの頃の映画のように撮りたいという気持ちは間違いなくあった。

だが、結果的には、模倣ではなく、僕らしい映画になった。

かつて誰かが存在していたことへの思慕。一緒にいたその瞬間へのノスタルジー、そしてセンチメンタリズム。それが僕は好きなのだと思う。

薬師丸さんを撮ることで、自分の本質が浮き彫りになった。「あの頃の薬師丸ひろ子がいる……」なんて失礼な想いに胸躍らせながら。

選択を積み重ねた女性は、愛らしい

考えてみると、20歳前後の薬師丸ひろ子は、随分と大人の役を演じていた。

好きになってはいけない相手を好きになる設定が多かった。

妻帯者の設定の財津和夫を好きになる『メイン・テーマ』は、僕の『ナラタージュ』に似ている。

少女性と不倫的なるもの。この組み合わせは、実に映画的だ。なぜなら、その恋から逸脱して自分の人生をつかんでいくことがテーマになるから。

だから薬師丸さんは随分若い頃に、女の子の苦い想いを演じていた。『セーラー服と機関銃』も『探偵物語』もやっぱりそうだ。映画の中で辛い恋をしてきた。

しかし、大人になった彼女は、むしろ若返っているくらい、初々しい。

でも、考えてみれば、これは普遍的なことなのかもしれない。

若い頃に苦労や失敗を経験した女性ほど、今が輝いている。それはなぜかと言えば、ちゃんと「選択」してきたから。「選択」を積み重ねてきたからこその初々しさ、可愛らしさ。

だから、大人の女性の方が可愛らしい。これが僕の持論。若い女性の方が、暗い毒があると思う。

だから、撮りながら、実は、あの頃の薬師丸さんにはなかったものを撮っていることにも気づかされた。おそらく、それは、２０１０年の薬師丸ひろ子がヴィヴィッドに体現しているものだった。

模倣で言えば、成瀬巳喜男の『驟雨《しゅうう》』は意識していた。あれも夫婦ものだけど、あの原節子は小津安二郎の映画のしっとりした彼女とはまるで違っていて、めちゃくちゃチャーミング。あの可愛らしさは目指していたかもしれない。

いずれにせよ、年齢を重ねてきた薬師丸ひろ子ならではの良さは記録できた。その意味では確かに「薬師丸映画の最新作」を撮れたのだと思う。

模倣が、オリジナルになる

『世界の中心で、愛をさけぶ』（2004年）の時、ご本人を思わせる人気監督の役で森田芳光監督に出演していただいた。それは自分の青春期を支えてくれた一人として森田監督にリスペクトがあったから。

その経験があったから、薬師丸さんにも辿り着けた。自分が見てきたものを、リアルに映画に組み込む。

これはオマージュというより、もっとダイレクトで、図々しいものだ。

そして、模倣が模倣にならない。逆に言えば、模倣なんかできっこないと思って、模倣している。

映画を模倣すると大抵は叩かれる。おそらく叩かれる監督は上手に模倣できているのだ。だから、「これは模倣だ」と叩かれる。

僕は上手くないから、自分では模倣しているつもりでも、「模倣だ」とは言われない。『今度は愛妻家』はかつての角川映画の模倣だ、とは誰も言ってくれない。

堂々と模倣すると、模倣じゃないことになってしまう。これは僕の特性なのかもしれない。

第三章　2007年から2005年

『クローズド・ノート』沢尻エリカ、『春の雪』竹内結子、そして『北の零年』吉永小百合

『クローズド・ノート』、以前と以後

沢尻エリカで『クローズド・ノート』（２００７年）を。

これはプロデューサーの意向だった。当時、彼女は『パッチギ！』などで注目されていた。

女優との顔合わせでいつも思うことだが、すごく取り繕う人や、完全に壁を作る人がいる。おそらく緊張しているのだろう。

こちらとしては、作品についての理解を同じくして、現場がいい雰囲気で形作られるといいな、それだけだったりする。だが、人によっては、やけに警戒して、信頼してくれないし、信用してくれない。もちろん、初めての監督がどんなふうなのかわからないわけで、それは自然な気持ちだろう。

想像だが、おそらくそのような女優は、これまでの作品に満足できなかった経験があるのかもしれない。つまり、自分がイメージする自分が撮られていない。その不満が警戒心に繋がっているのではないか。

『クローズド・ノート』
スタンダード・エディション
DVD発売中
●価格：4,180円（税抜価格3,800円）
●発売元：ショウゲート・東宝 ●販売元：東宝

沢尻はよくわからなかった。

打ち合わせ初日、彼女はサングラス姿で現れた。そして、そのサングラスを外さない。

「ちょっと、顔、見せて」

「え、なんでですか」

人見知りなのかもしれない。

それよりも気になったのは、腕組みだった。

彼女は緊張すると腕組みをするのではないか。

例の舞台挨拶での「別に……」発言の際も腕組みをしていた。あの時もきっと緊張していたのだ。

彼女の作品を振り返ると、腕組みが目立つ。

そして公の場でもいつの間にか、彼女は腕組みが似合うキャラクターになっていた。

『クローズド・ノート』の香恵は、純度が高い女の子。ロマンスに対しても本を読むように没頭していく。ちょっと天然なぐらいの純度がある。そして、周りの人たちに成長させられていく。クローズド・ノート＝日記を通して、大人の恋愛と喪失までを知り、最後にはそれを自分の体験にしてしまう。

目の前にいる沢尻エリカは、そんな香恵とはかなり縁遠い雰囲気を、自ら作り出していた。

僕の女優に対する演出は、沢尻以前・以後で変わった。

沢尻までは、なるべく相手の本質を見極めながら、それを取り込みながら、話し合い、一緒に着地点を見つけようとしていた。

だが、沢尻以後は、最初に伝えるようになった。「あなたはこういう人だと僕は感じた」と、なるべく正直に本人に話している。

これはあくまでも女優の演出で、男性の俳優に対しては初期からそうしているのだが。

時間をかけて沢尻に歩み寄り、映画が完成し、公開されるまでに、ようやく彼女とわかり合えるようになり、やっと心をオープンにしてくれるようになった。

腕組みを、ほどく

実は、すごくわかりやすい子だ。素直な時の彼女はとても可愛らしい。

僕の演出は、彼女の腕組みをほどくところから始まった。

腕組みは自分をガードし、相手と距離を保とうとする意識や無意識の表れだ。サングラスをしたり、帽子をかぶったり、ウィッグをつけたりするのも、腕組みに近い表現。

幻に取り込まれている部分もあるかもしれない。他人が自分をどう思っているか？ それを考え、イメージ通りに振る舞ったり、逆に拒絶したり、という面があったかもしれない。

当時の彼女は、現場に来ると、周囲に緊張感を強いるようなところもあった。

「自分はこれだけ真面目にやっている」を押し付けてくるから、否が応でも周囲は緊張する。さらに、誰も心を開かなくなる。

彼女が心を開かないのではなく、周囲に心を開かせないような状況を作ってしまっている。

朝、現場に来た時に挨拶もしない。これはまずい。

まず最初に僕が彼女のところに行って、彼女が笑顔になるまで話し続ける。笑顔が出たところで、現場に合流。そして、挨拶。これを毎日やった。助監督に任せず、必ず僕が行った。

過保護だと思われるかもしれないが、これは映画のためだった。僕の映画でヒロインを演じている女優が、香恵なら香恵になってくれないと困る。だから、沢尻が香恵になる態勢が整うまで、毎朝話していた。

普通なら、役者は自分のアイデアを持ち込んで、こんなふうに演じたいと提案する。そこから話し合いが始まり、お互い着地点を探る。

しかし、彼女には一切、そういうことがない。なくても、できてしまう。これは才能。

現場で指示を出すと、「はい、はい」と低いトーンで返事をする。一見、不機嫌そう。でも、芝居は見事にやってくれる。ちょっとしたＮＧで笑ったりもする。しかし、誰とも仲良くならない。どの人に対しても、同じ距離感を保つ。

共演の伊勢谷友介は、そういう状態に耐えられない人間で、何とか踏み込もうとしていたが、なかなか苦戦していた。クランクアップの日、伊勢谷に言われた。

「映画監督ってこんなことまでしなきゃいけないのか。毎朝見てて感心してました。もう、僕は完全にギブアップでした。でも、よかったですよね。沢尻の香恵は」

女優魂が、泣いた

当時、それほどのキャリアはなかったが、数年後、大女優になっていそうな予感があった。

演技のスケール、女優としての柄《がら》。等身大の女の子ではない「大きさ」があった。

僕が描きたい女性は、時代の風俗と共に消費されてしまうものではなく、いつの時代にも通用するようなヒロイン。

『クローズド・ノート』はもう16年も前の映画だけど、２０２３年に観ても、全然、今の映画と変わらずに観ることができるはず。言葉にしても、ファッションにしても、どんな時代にもフィットするように撮っている。お年を召した方がご覧になっても「私の若い頃」として受け取ってもらえて感情移入できるようなものが理想。

初めて逢った時、真っ白い帽子もサングラスも外してくれなかったあの沢尻エリカに、そんなヒロインが演じられるか不安だった。しかし、彼女はやってのけたと確信している。

女優魂はあった。

何度テイクを重ねても「なんで？」という怒りは一切漂わせなかった。

丁寧に説明すれば、素直に応じて、もう一度演じた。

自分の部屋で、あることに気づいて一人、涙を流すシーンがあった。

カメラがだんだん近づいてきて、あるところまで来たら、涙がこぼれる。

そんな明確なヴィジョンがあった。しかし、そんな神業、できるはずがない。

だから、こう伝えた。

「このタイミングで、感情の沸点がくる。その顔をしてください。その表情さえあれば、ＣＧで涙を足しますから。涙をそのタイミングで流すなんて無茶な話だから」

「はい、やってみます」

本番。

沢尻は泣いた。

感情がグッと極まって、涙がポロッと落ちた。

だが、カメラのタイミングより、少しだけ早かった。

「カット！」

「ああ!!」

ちょっと早く落ちてしまった、悔しい、という顔をした。

ＣＧに頼らず、自分でちゃんと泣きたい。そういうことだった。

すぐそばに行って言った。

「もう一回やってみようか」

「はい。よろしくお願いします」

次の本番は、バッチリのタイミングで涙を落とした。

それが沢尻エリカの女優魂だった。

技術的な無理難題を出された時、それに立ち向かうことがモチベーションになる女優だった。

多くの人が沢尻エリカを「別に……」で記憶している。そのことが本当に勿体無い。

彼女の主演映画『クローズド・ノート』はきちんと観られていない。

だが、彼女は僕の中で今も「まだ見ぬ大女優」だ。

ニュートラルな彼女を、追いかける

『クローズド・ノート』にはもう一人のヒロインがいる。

竹内結子だ。

既に二作ご一緒していて、完全に信頼していた。これは僕の希望で、お願いした。

竹内結子ほどニュートラルな女優はいない。

そして、僕と一緒にやっている時の彼女は、他の人の作品に出ている竹内結子とは違うという自負もある。

彼女には独特の口調があり、毎回、それを排除するところから始まる。なるべくフラットに話してもらう。フラットな中にある「竹内節」はいいのだが、彼女に完全に委ねると、どうしても「竹内色」が強くなってしまう。

しかし、日記の中のヒロイン、伊吹先生はフラットでありながら、どこかに可愛らしさもある。そこが竹内結子にしかない可愛らしさとリンクすると思った。大人な可愛らしさ。

彼女は芯の強い役を演じると、独特の可愛らしさが生まれる。この伊吹先生もまさにそう。だから男の情けなさが際立つ。僕の映画の男たちは、いつだって情けない。口調以外は完全にお任せだった。リスペクトがあった。よくぞこの役を、あのように演じ切ってくれたと思う。

ヒロインがふたりいるからと言って、イメージが重ならないようにするとか、あるいは、どこかをリンクさせるとか、そういうことは一切していない。竹内結子と沢尻エリカでは完全に別人格だし、それぞれとしっかり向き合ったということでしかない。

ふたりは当時、同じ事務所だった。キャリアを重ね、落ち着きを得て、キャラクターにニュートラルに向き合う竹内結子。何歩も先を歩いている先輩を追いかけるようにして沢尻エリカがいた。ふたりが一緒になるシーンはなかったけれど、沢尻が竹内結子を意識していないはずがなかった。

女優魂のある沢尻が、竹内結子を追いかけていく。それが、香恵が伊吹先生の物語を読み込んでいく映画の構造に、潔く重なってほしいと考えていたし、重なったと思っている。

『春の雪』、女優を撮る

妻夫木聡と竹内結子で三島由紀夫を。それが『春の雪』（２００５年）の企画コンセプトだった。依頼が来たのは、ラブストーリーの監督というイメージが僕にあったからだと思う。

ふたりのキャスティングは望むところだった。妻夫木とは既に一緒に仕事をしていたし、竹内結子のことは本当に美しいと感じていた。どう撮ったらいいか。それを考えた。大正時代のお姫様役。貴族の女性を、どれくらいモノトーンでフラットに演じてもらえるか。彼女がこれまでのキャリアで積み上げてきたものを一旦なくすぐらいの挑戦を

『春の雪』（2枚組）
DVD発売中
●価格：5,280円（税抜価格4,800円）●発売元：フジテレビジョン
●販売元：東宝

してもらえたら、と思った。

彼女には「竹内口調」とも言うべき独特の喋り方がある。それを全く別のものにしたいと思った。普段より、倍ぐらいの時間をかけてゆっくり話してもらう。言葉のスピードを意識した。

撮影は台湾の名カメラマン、リー・ピンビンに依頼した。絢爛《けんらん》な美の絵巻物の中で、男の欲望と女の器の大きさを描きたかった。この小説にはデカダンスがあり、近代純文学の代表的な一作。人間のどうしようもない傲慢さが、逆に切ない。それを映像美に集約しようと思った。

没落貴族である男女。僕たちとは違うステ

ージの物語なので、当初は感情移入の難しい映画になるかもしれないと思った。だが結果的には、男の気持ちも女の気持ちもしっかり浮き彫りになった。それは2000年代に最前線で活躍していたふたりが主役だったから。ある種の「無防備さ」が妻夫木にも竹内にもあった。それがよかった。

竹内結子は大変だったと思う。慣れていない着物、そして所作。彼女は非常に現代的でヴィヴィッドな女性像を、可愛らしさとコミカルさの入り混じったユーモアでもって演じてきた女優。あの顔立ちも、あの声も、だからこそ際立ち、大きな支持を得た。『春の雪』は、それを全て封じるような企画だった。

ホン読みでは延々フラットに話してもらった。妻夫木も自ら「僕も合わせた方がいいですね」と、不機嫌なまでのフラットさを重ねていく。そうして、この映画の空気感は出来ていった。

削ぎ落とした末に、風格が立ち現れる

この時の竹内結子を見ていて思った。演じ手は、それまでに培ってきた経験を封印し

たとしても、残る「確かなもの」がある。それは技術やキャリアを超えて、「今この時」の佇まいに宿る。歌舞伎俳優にしても落語家にしても、あらゆる所作を全て一旦入れているから、それを全部削ぎ落としたとしても、立ち姿に風格が立ち現れる。それに近いことかもしれない。

たとえば『GO』（2001年）で一緒にやった宮藤官九郎が書く脚本には、感情がほとばしるような台詞があって、演じる側にしても自分のスタイルを乗せていきやすい。しかし『春の雪』は大正時代の貴族。抑圧した果てに、ようやく感情が浮き彫りになる。

「いや、まだ、竹内結子になっている。そうなった時点で聡子じゃなくなるから」

何度もそう伝えた。

「難しい。自分がどんな喋り方なのかわからないから」

竹内結子は無自覚だった。逆に言えば、それだけ感情過多なのだ。感情から声を導き出している。この時はそれを徹底的に封じた。

面白いことに、いつもより2倍ゆっくり話してもらったら、瞼《まぶた》を閉じて開けるスピードも遅くなった。まるでスローモーション。

撮影初日。ふたりが再会する場面。

「清《きよ》様」——と口にする時の竹内結子のなまめかしさ。フラットなささやき声でありながら、竹内結子からしか生まれないトーンがあった。この声でいこう、と思った。主体というものをどこかに置き去りにしている、もぬけの殻のような姿。にもかかわらず、まなざしだけは恋をしている。ただの美しさではない、竹内結子だけの美しさがあった。

外側はスタッフの力でいくらでも美しくできる。しかし、心情の愚かさを体現できるのは本人だけ。竹内は、それを見せてくれた。

この時の僕には「女優を撮る」という意識が強くあった。

女として生まれてきた人の、自分だけではどうにもできない生命。その在り方、意志のままに選択できない試練。内面が見えてこないといけなかった。

侍女、蓼科《たでしな》に「清様に逢わせて」と迫る場面には、竹内結子の真の美しさがあった。

そして、ラストシーン。襖《ふすま》の奥に聡子はいるが、あえて映さない。あそこに竹内結子はいた。

「もしかしたら撮りたくなるかもしれないから、セッティングしておいて」と、ヘアメイク含め全てセットアップしてもらって、結局、「気配」だけを記録した。

あの時の彼女の泣き声。

向こう側に確かにいる。竹内結子は映っていないけれど、そこに美しさを感じていた。映すか、映さないか。考えた。だが、最終的には、彼女のあの声だけでいけると確信した。なぜなら、それまで何時間も彼女の表情を撮影してきたから。最後、あえて見せないことで、彼女の女優としての存在を感じてもらえると思った。

もう、彼女はいないのか

存命だったら、今も指名していた女優だ。

この役、竹内結子がいいな。ああ、彼女はもういないのか。

最近、よくそう思う。

いなくなってしまったからではなく、自分にとって、そのような存在だったことに気づく。

主役を担える人だった。これからもっともっとよくなっていくと思っていた。もっともっとご一緒したかった。

成瀬巳喜男が高峰秀子と組むように。小津安二郎が原節子と組むように。

美人で、意志があって、でも柔らかくて、しっとりしていて、アグレッシヴでもある。

そんな女優はなかなかいない。

しかも、年齢を重ねるごとに綺麗になっていた。

持って生まれた佇まいの美しさがなければ、『春の雪』の聡子は表現できない。エレガントであり、おしとやかであり。日本的な奥ゆかしさの先から、確固とした想いが立ち上がってくる役。いたいけなエロス。

こうしたい、ああしたい。そんな主張のない女優だった。ただ、時代が竹内結子の方を向いていた。そのことを彼女がどれだけ意識していたかはわからないが、いろいろな意味で頼りにされている存在だった。

『北の零年』に、試される

吉永小百合さんは、誰が見ても大女優だが、ご本人はあくまでもニュートラルであろうとされている方だ。

『北の零年』（2005年）の役作りを、小百合さんは農業から始めた。それも現代農業ではなく、物語の時代に合わせた過去の農業。土いじりから、役に近づいていった。

乗馬の経験はあったが、撮休（撮影のない休みの日のこと）には乗馬を続けた。共演の渡辺謙さんができる限りご一緒してサポートしてくれた。

できるだけ監督の話を聴こうとされる方であり、なるべく監督が望んでいることに近づけようとする人。自分は上手くできないかもしれない。そんなコンプレックスを手離さない。

僕らにしてみれば、吉永小百合がそこに立っていれば、それだけで画《え》になると思ってしまうが、ご本人としてはもっと役の人として振る舞いたい。

そして、言葉。その映画が伝えたいことを、自分の口を通して表現したい。僕が初めてお逢いした時の吉永さんは、プロデューサー的な発想をお持ちだった。

作品にふさわしい監督選びをされている過程で、おそらく小百合さんが僕の名前を出してくださった。

こうしたテーマを持つ作品を、ベテランの監督ではなく、あえて『GO』を撮ったあの監督の感性に任せたい――きっと、そう東映を説得されたのだ。

『北の零年』は東映作品。僕の東映での前作は『GO』だった。

驚くべきことに小百合さんは『ロックンロールミシン』を観てくださっていた。僕の大切なあの作品を観るために、生まれて初めてレイトショーに出かけたという。

『ロックンロールミシン』には「進入禁止」という標識が出てくる。

映画の終盤、ある破壊を決意した主人公が、仲間たちとは逆方向に歩いていく。その先に、この標識があった。

撮影したのは代官山の坂道。小百合さんはかつて青葉台あたりに住んでいらしたそうで、その風景に、あの標識に、見覚えがあった。そして、僕の演出意図を理解してくれた。

青春は一方通行であり、それを逆に行くと失敗もあり得る――

「この監督は、現場でこの『進入禁止』を見つけたから、撮ったんだ。今回の『北の零

『北の零年』（2005年）

©2005「北の零年」製作委員会 ●Prime Videoチャンネル「東映オンデマンド」にて配信中

年』の撮影はどうなるかわからない部分が多い。この監督なら、自然を味方につけ、その都度、何かを思いつくのではないか」

小百合さんは、そんなことを言ってくれた。限られた予算の中で思いついたアイデアだったが、確かにその通りだった。自然を味方につけられるかどうかはわからなかったが、とにかく嬉しかった。同時に、試されることになると思った。

謙虚さと、雪

『北の零年』は北海道の開拓物語であり、失われた時代に思いを馳せ、嘆いてばかりの男たちを懸命に支えた女性たちを描く、新しい幕末ものである。

元々の企画に、アイヌの存在もプラスし、練り上げていった。

だが、なんと言っても大きなモチベーションは吉永小百合を撮ることだった。

現実の小百合さんは、本当に謙虚。

気配を消したりする。後ろにいるのに気づけないことが何度もあった。

撮休の日に、こっそり現場の下見に来ていたりする。

こっちは小百合さんが下見に来ているとは思わない。帽子をかぶった小柄な女性がいるな……と思ったら、まさかの吉永小百合だった。

映画界には「俳優部」という言葉があるが、その意識が強い。自分はあくまでも「俳優部」の一人なのだと。とにかく一生懸命。あそこまでの大ベテランには本来必要のないことまでする人。

あるシーン。5歳の子役を背負って、延々ブリザードの中を歩いてもらった。

ハリケーンという名の大型扇風機を使って、強風で雪をぶつけていく。作りものの雪。柔らかい雪では、画面に上手く映らない。

「小百合さん、ちょっと固い雪が行きますけど、いいですか」

「はい、大丈夫です」

助監督相手に雪を当ててみる。

「これ、結構、痛いです」

痛くても、やるしかない。

「大丈夫、大丈夫、気にしないで。頑張るから」

小百合さんはそう言うが、スタッフは雪の量を手加減する。

それでは映らない。俺がやる！　自らスコップで大量の雪を風に当てた。

痛い。どう考えても小百合さんは痛い。でも、いい画が撮れた。

一発OK。何回も撮り直しするより、一発OKの方がいいだろうと思い、スコップを手にした。

「すみません、痛かったですよね」

「ええ、本当に痛かったです。でも大丈夫ですよ」

小百合さんは笑っていた。

後で、「女優は顔が命なんだぞ！」とプロデューサーに怒られた。

この模様はメイキング班が撮影していて、テレビでも放送された。

ある先輩監督から電話がかかってきた。

「行定君、僕はね、遅れてきたサユリストかもしれないから言うけど、あれはマズいぞ。吉永小百合の顔に向かって何をやってるんだ。ちょっと考えた方がいい」

僕は平謝り。

「どけ！　俺がやる！」

きっと僕は嬉々として雪をかっこんでいたのだろう。

自分はちゃんとやれているのだろうか。そこを気にする小百合さんだから、「カット！ＯＫ。小百合さん、すごくいい画が撮れました」と伝えると、本当に嬉しそうだった。

プロデューサー的な側面もある小百合さんは、きっと陰で僕をガードしてくださっていたと思う。だからこそ、僕も妙な気は遣わず、手を抜くことなく、全力で取り組むことができた。

次はもっと、次はもっと

それだけに、初号試写（関係者だけが観ることのできる最初の試写会）では緊張した。しかも上映後「ふたりだけでお話ししたいです」と言われてしまった。緊張のあまり、トイレからなかなか出られずにいると、「監督、吉永さん、お待ちですよ」と声がかかった。

「いろいろお世話になりました。見応えのある映画になってました。ただ私、すごく反省があります。次、もう一度ご一緒できたら、もっと上手く、今よりは本当にもっと上手くやりますので、またリベンジさせてください」

小百合さんほどの方が……と思うが、同時にこれは本当の気持ちだったのかもしれない。いい意味で、常に欲がある人。だから、あれだけ主演を張ってきて、あれだけ結果を出してきているのに、もっと上手くやれたかもしれない、と言えるのだ。

そもそも、こんな若い監督に言わなくてもいい言葉だ。だが小百合さんにとって、それは一期一会ではなかった。

人と仕事をする際の敬意を教えてもらった。

あれから18年。僕は、小百合さん主演の企画を温めている。映画女優の役。今度は、僕が持ち込む番だ。もし、溝口健二の映画に吉永小百合が出たら？　それくらい女優の綺麗さを映し撮りたいと考えている。

若気の至りを、利用する

現場の小百合さんには、雪の斜面をキャーと言いながら滑り落ちていくような可愛らしさがある。

このアクティヴな可愛らしさをなんとか表せないか。主人公がしっかりした女性だけに、そう思った。

渡辺謙さんとのラブシーンがあった。ふたりで一緒に月を見るロマンティックな場面。

「小百合さんって可愛らしいんですよね」

そんな話をしていると、謙さんが提案してくれた。

「俺、ちょっとやりたいことが一つあるんだよ」

「え、なんですか」

「このシーン、お姫様抱っこするのってどうかな。時代劇だから、演出的にはあり得ないかもしれないけど」

「それ、面白いですね！」

僕は「若気の至り」を利用しようと思った。「あいつ、若い監督だからやっちゃったな」ということになるなら、それはそれでいいなと。もし、「それはやり過ぎだ」と言われたら、「ちょっとやり過ぎちゃいましたね」なんて言えばいいのだ。

「じゃ、『日本で初めてお姫様抱っこした男』ということで」

謙さんがニヤッとしながら言った。

本番では小百合さんが「キャッ」となって、僕が想っている可愛らしさが出た。あの恥じらい。

抱きかかえたままキスをして膝にのせる。謙さんの身体の大きさと、小百合さんの華《きゃ》奢《しゃ》さが浮き彫りになる。不思議で、いいシーンが撮れた。

実はこの頃、謙さんにはハリウッドでの仕事があった。だが、小百合さんのためなら是非この役をやりたい、アメリカの仕事は少し待ってもらうから、と引き受けてくれた。

人生の、大女優たち

これは一種の群像劇だが、吉永小百合が真ん中に立つことで否応なく成立している。様々なエピソードがあるが、吉永小百合という存在で普遍のものになっている。

演出していて、奇蹟のような気持ちになった。

なにしろ、目の前で吉永小百合が、僕の映画の中に立っているのだ。自分の人生ではあり得ないことだ。なのに、小百合さんご本人はどこまでもナチュラル。なので、視界に入っている時は違和感がない。しかし、モニターを覗くたびに「自分は吉永小百合を撮っているのだ」という現実に引き戻され、愕然とした。

吉永小百合は、薬師丸ひろ子同様、映画史の中に存在している女優だ。

もちろん特別な人だが、それ以前に、とにかく真摯《しんし》な女優だった。

だから僕は「吉永小百合」という大物を撮ったとは思っていない。

小百合さんと仕事をした。楽しくご一緒させていただいた。そのような実感がある。

あくまでも一女優であろうとしているからこそ、吉永小百合は、紛れもなく大女優。

竹内結子は、時代に愛された大女優。

そして、沢尻エリカは、まだ見ぬ大女優。

均衡が壊れると、新鮮さが誕生する

もう一人、大女優がいる。

大竹しのぶだ。

『つやのよる　ある愛に関わった、女たちの物語』（2013年）、『遠くの空に消えた』（2007年）、そして『GO』に出ていただいた。

しのぶさんと初顔合わせの『GO』。窪塚洋介と柴咲コウは、東映側からの提案だったが、主人公の両親は僕が仕事をしたかった山﨑努さんとしのぶさんにお願いした。

しのぶさんは、本当に可愛らしかった。

初日のテスト。

なんと、顔を真っ赤にしていらっしゃる。あの、大竹しのぶがだ。

「どうかされましたか？」

「いや、台詞、最初に言う時って緊張するし、恥ずかしいんです」

まさか。

しのぶさんは焼肉屋で働いている設定で、息子や息子の不良友達が食べに来ていて、

「あんたら！　牛乳飲みなさい！」と威勢よく怒鳴る場面。

それが彼女のクランクインだった。

「そんなに真っ赤で大丈夫なんですか」

「大丈夫。たぶん、本番までに大丈夫になると思う」

本番ではものすごい迫力。窪塚洋介たちがビビるほどだった。

天才、大竹しのぶはもちろん、台本を手にしていない。全て入っている。

特に、相手との距離感や踏み込みには唸らされた。

日本の演じ手は誰もがそうだが、こちらが演出しなければ、まず自らスキンシップすることはない。

しのぶさんは、すぐ手が出る。もちろん、いい意味でだ。相手に触るのだ。

相手に触れることで、場面がエモーショナルになる。

まず、リハーサルで試してみる。

「すみません、触っちゃった。山﨑さん、大丈夫？」

「うん、いいよ、どっちでも」

そういうことが起こると、俄然、演出しやすくなる。

「じゃあ、パンと叩いてみましょうか？」

しのぶさんの手が出るのは、おそらく均衡を壊そうとする意識の表れだ。テイクごとに新鮮な何かを追い求めている。バランスが崩れることでサムシングが生まれる。

大竹しのぶは一般的に、毒のある芝居に定評がある。だが、ご本人はチャーミングな色気のある人。それでいて、親近感を持って接してくださる。

しのぶさんともまたご一緒したい。

小百合さんもそうだが、僕がもう一度やりたいと思う女優は、度量のある人。

大女優ならではの、その人だけの「お家芸」を有しているのだ。

そして、ベテランほど冒険したがっている。

日本のベテラン女優の層は厚い。これは海外にはない、日本の強みだ。

それを是非、活かしたい。

第四章　2023年
『リボルバー・リリー』綾瀬はるか

圧倒的ヒロイン、道行きと攻防

綾瀬はるかと長谷川博己。

このふたりで『リボルバー・リリー』（２０２３年）を撮ることになった。

両者とも、大河ドラマで主演しており、共演作も多い。

映画『はい、泳げません』の時は長谷川が前に出て、綾瀬がサポート。大河ドラマ『八重の桜』では綾瀬がヒロインで、長谷川はその相手役。

互いを愛称で呼び合うほど息がぴったり。だから、コンビネーションとバランス感覚が抜群。

長谷川は演技にこだわりのある俳優だが、今回は綾瀬が主役なので、しっかり後ろ盾になってくれた。

ヒロインとしての考え方は『北の零年』と同じ。圧倒的なヒロイン像を創りたかった。

とにかくヒロインがガツンと前に立っていて、他の登場人物たちは、向いている方向は違うにせよ、みんな並列に描くことができれば、と思った。

『リボルバー・リリー』(2023年8月11日公開)
©2023「リボルバー・リリー」フィルムパートナーズ

その中には敵対関係もあるが、ラスボスやスペシャルゲストが出てくるようなものではない映画にしたかった。

一つの着地点があり、そこに向かっていく。その道行きを、その道連れになった人たちを、描くのだと。

そして、これはロードムービーだ。舞台は、１９２４年。ちょうど１世紀前。もう日本には存在しない場所を巡っていく。

だから、場所そのものというよりは、それぞれの象徴としての人物が存在し、その人間たちを巡って旅をしていく映画なのだ。人と出逢っていくロードムービー。

死神のように浮遊したキャラクターもいる。

だから「黄泉《よみ》」のような世界観も含まれている。現実世界と精神世界の攻防でもある。ファンタジーではない。現実に戦場で闘っていると、自分が生きているのか、死んでいるのかわからなくなり、その境目を手放すことだってあるだろう。

もちろん、僕に最前線で闘った経験はない。

だが、戦争経験者たちの話を聴くと、生き残った人たちは「もしかしたら死んでいたかもしれない」という強迫観念から、今を生きている実感が乏しいという現実もある。

２０２２年、人と人とが殺し合う最悪の状況が報じられていた。俯瞰した状態で戦争というものを見つめざるを得ない。そんな２０２２年だったからこそ、戦うことにどんな感情を抱くのかを自分なりに描きたいと思った。

健全な強靭さが、矛盾と対峙する

綾瀬はるかというお茶の間に近い女優の存在は不可欠だった。

かつて3年間に57人も殺害した女性スナイパーが、一人の少年の命を守るために、もう一度、戦いに手を染めることになる。

矛盾のある生き様。

この矛盾を、非常に健全なパブリックイメージのある綾瀬はるかが演じることで、より広範な人に届けることができるのではないか。そう考えた。

綾瀬はるかは時代を背負っている。現代日本で最も著名な女優の一人。そんな彼女が体現することで初めて伝えられることが、映画にはあるのではないか。映画は、それを担えるメディアなのではないか。だから自分は映画というものを作り続けてきたのではないか。

小曾根百合＝リリーは、もし、全くの新人が起用されても当たり役になるほど強烈なキャラクターだ。だが、これは新人ではダメだ。コマーシャルにもあれだけ起用されている綾瀬はるかならではの「健全な強靭《きょうじん》さ」があって初めて、真逆の説得力を持つのだ。

彼女にも複雑な想いはあっただろうと想像する。なにしろ、今、海外では非常に大きな戦争が続いている。言ってみれば、戦時下だ。

被爆地、広島出身の綾瀬が戦争に対して何も思わないはずはない。どこまで行っても、殺し合いではある『リボルバー・リリー』の世界観に対して考えることは様々にあったはずだ。

しかし彼女は一切、疑問を口にすることなく、引き受け、極めて従順に演じた。

実は、信頼しているある俳優に、本作をオファーした。彼はギリギリまで悩み、最終的に降板。彼のために用意していたキャラクターに代役は立てず、シーンそのものを削除した。

彼は、理由を直截《ちょくせつ》に伝えてくれた。

人を殺《あや》めることを、ある意味エンタテインメントにする映画に加担することは、今の自分の体力、精神力では難しい。だが、心配なのは、僕が降板することで、監督がこの作品を諦めてしまうこと。そこは気にしないでくれ。これはあくまでも自分の都合だ。

この言葉を、逆に糧《かて》にしなければ、と思った。おそらく彼は、完成した映画を観てくれるだろう。僕は僕なりの想いを昇華し、最善を尽くさなければいけない。

自分勝手に、この降板はむしろ加勢だ、と思った。

これは、僕なりの「反戦映画」なのだから。

それは戦時下の蛮行か、否か

この作品が「蛮行」になってはいけない。

そうなってしまったら、降板した俳優の想いも台無しになってしまう。

とにかく、１００年前の物語を、２０２３年に観る映画にしなければと思った。

本作には関わっていないある関係者に言われた。

「出来上がった映画には、行定さんの矛盾が全部描かれていますね」

ドキッとした。確かにその通りだ。

長谷川博己の台詞にこうある。

『戦いはいつも矛盾だらけでした』

「これでよかった」。そう思える「正しいこと」が何一つない。これが、戦後、生き残った人たちの言葉から最も強烈に感じることだ。

そのことに、映画は何らかの「答え」を出せるだろうか。

『北の零年』はまだ大震災が起きる前の作品だったが、３・11や故郷の熊本地震を経験する中で、あの映画のことをよく考えた。

北の荒地を開拓するあの物語が、多くの人が亡くなり、多くの物が失われ、ボロボロになりながらも、この大地で何とか立ちあがろうとしている現代の日本人に重なった。

だから、『リボルバー・リリー』にもある「希望」を込めた。

それは綾瀬はるかでなければ表現できないものだったかもしれない。

どうやって切り抜ければ、説得力が生まれるか。難しいシーンがいくつかあり、現場で思いつくことがあった。

その時、必ず綾瀬が持っている健やかな生命力が発揮された。

これは、いわゆる勧善懲悪の映画ではない。戦争がそうであるように、大義はたった一つのものではなく、それぞれにある。だから、闘いも起きる。

ウクライナとロシアの戦争もやはりそうだ。

そんな世界的な戦時下で、大きな規模で人を殺める役には当然躊躇《ちゆうちよ》もあっただろう。

しかし、綾瀬は何も言わなかったし、長谷川も言わなかった。

その点で綾瀬はるかは腹が据わっていたし、だからこそ、リリーは純度高く存在した。

デビュー作と、最新作

この映画は、ウクライナとロシアが開戦するずっと前から準備を進めていた。予算規模も大きい。クランクインを間近に控え、脚本の最終的な詰めを進めていた頃に、戦争は始まった。

戦争映画ではないが「これ、本当にやるんですか？」とプロデューサーに訊いた。準備は進んでいる。キャストもスタッフも拘束している。もしキャンセルしたら莫大な金額が消える。もちろん、やるしかない。

しかし、描き方によっては蛮行と言われるかもしれない。当初は、原作から感じられるような、圧巻の銃撃戦で観客がスカッとするような活劇にしたいと思っていたからだ。しかし、これは大正時代のお話です、で逃げたくはなかった。２０２３年に公開する以上、現在が戦時下であることを無視するわけにはいかない。脚本は大きく書きかえた。何よりも、綾瀬はるかは２０２３年を生きている女優だ。そして、彼女は日本の芸能界に20年以上君臨している。

綾瀬はるかの映画デビュー作は、７人の監督が競作したオムニバス『Jam Films』（2

002年）の一編「JUSTICE」。これを監督したのが僕だ。

初々しさと独特の透明感があり、肉感的でありながら身体能力が突き抜けていた。

彼女とは不思議な縁があり、『Jam Films』公開時の舞台挨拶に現れた綾瀬を、やはりこの映画に参加していた堤幸彦監督が見初め、当時進行していたドラマ版『世界の中心で、愛をさけぶ』のオーディションに呼び、綾瀬は見事、ヒロイン役を勝ち取った。

その後、彼女が僕に逢いたいと言ってきた。

「テレビ版のアキを私が演じたら、監督はいやな気持ちになりませんか？」

「いや、僕はテレビ版には関係ないよ。それに堤監督は僕の先輩だし、いいんじゃない？」

当時は、律儀な子だなと思ったが、それ以来、一緒に映画を作る機会に恵まれなかった。

あれから20年以上経ち、綾瀬はるかは大きな経験を積み、そこから築き上げた「賜物」が『リボルバー・リリー』には結実している。

僕は映画女優としての彼女の「入口」に一緒にいただけで、今の彼女はあの頃とは別人。本当に立派なキャリアの持ち主だ。

そして、この映画がもし、蛮行と呼ばれるものになったら、綾瀬はるかが積み重ねてきたものも台無しにしかねない。その緊張感も、映画の大きな原動力となった。

選択と気品、『リボルバー・リリー』

役者もまた一人の人間。

しかし、映画なら映画の作り手の思想を体現する表方《おもてかた》である以上、「個人」ではいられない。非常に危うい仕事なのだ。

時に、矛盾に満ちた人物も純度高く演じなければいけない。

僕自身、悪い夢を何度もみた。

断罪される夢だ。

叩かれることよりも、僕の思想がそんなふうに断定されて、映画をおもちゃのように扱っていると勘違いされたら、どうしよう……そんな心配ばかりが頭の中を巡っていた。

リリーは最後に「生きること」を選択する。ヒロインの原動力を、綾瀬はるかが持つまっさらなエネルギーが支えた。第一線で自分の存在を背負ってきた女優だけが持つエネルギーが、映画には映っている。

そして、映画にしか映らない気品がある。

それが映画女優には必要。

言ってみれば、僕はそうした気品の恩恵にあずかってきた。

今は、最新の気品が届きますように、と祈っている。

輝けるヒロインの、根源的説得力

「逢いたかったぜ、小曾根百合」

劇中ではそこまで多発する台詞ではないが、出てくる男、出てくる男、全員がそんな想いでヒロインに向き合ってほしかった。

まだまだ男尊女卑の時代。当時の男たちにすれば、男の力でねじ伏せられない女と出逢うことで、色めき立つものがあるのではないか。

喪失感を抱えたリリーに対して、男たちの恋心が募っていく。男たちが色めき立つことで、結果、彼女にも色気が宿っていく。

プロデューサーからの要望は「女性を輝かせること」。

僕は、女性が輝くことで、男たちも輝く。そんな構造を作りたかった。

そのためにも「真ん中に立てる女優」は必須だった。

被写体としての綾瀬はるかの説得力は、まず体幹のよさにある。

アクションは元々できるから、銃にも全く負けていないのは当然だが、ある場面での海を見ている後ろ姿が素晴らしい。母にも見えるし、一人の強い女にも見える。映画的な体つきをしていることを痛感する。

非常に抑えた口調もいい。往年の名画の趣もある。かといって、古い映画の女優を模倣しているわけではなく、綾瀬はるかならではの寡黙さが際立っている。

感情をあまり強く押し出さずに、肉体のアクションで物を言う。そんなヒロインだが、綾瀬自身が「こうしたい」とは主張しない人だった。

おそらく僕の要望に対して疑問点もあっただろうに、問いただすことはせずに、まずはやってみる。そして恐るべき短時間でクリアしていく。

それはきっと、20年、連続ドラマで主役を張り続けてきた、根本的な「筋肉」があるからなのだろう。体力にも、精神力にも、女優としての逞《たくま》しい「筋肉」があるからなのだと思わせられた。

ちなみに、多種多様なアクションの見せ場があるが、ほとんど吹き替えは使っていない。

丸腰だから、ブレない

綾瀬はるかは、謎だ。

この点が、往年の名女優に似ていると感じさせる。

かつての女優は、ミステリアスだった。

綾瀬はバラエティ番組では、ちょっととぼけた天然ぶりを発揮しているが、それすら本物とは思えないところがある。

ああした、こちらの頬が緩むようなところも彼女の一面かもしれないが、女優としての彼女には頭のよさを感じる。ものすごく的確で、余計なことを考えていない。これは、とても難しいこと。

人はついペタペタと余計なものを付けてしまいがちだ。

自分のことを賢く見せようとか、女性なら色気を醸し出したり、男性ならワイルドな男らしさを意識したりする。

そういうものが一切ない。

綾瀬はるかは、丸腰だ。

もしかしたら謎ではなく、見た通りの人でしかないのかもしれない。

本当に淡々とした様子で現場を過ごしている。

きっと女優は天職だろう。

だからこそ、『リボルバー・リリー』が彼女の代表作になってほしい。

とにかく彼女にはブレがない。だから、視線と歩きが映える。女性観客に「リリー、カッコよかった！」と言ってもらえるんじゃないかと期待している。

第五章　２００４年から２０００年、もう一度２０２０年

『世界の中心で、愛をさけぶ』長澤まさみ、『ＧＯ』柴咲コウ、そして『ひまわり』麻生久美子

『世界の中心で、愛をさけぶ』の、永遠

もし『世界の中心で、愛をさけぶ』（２００４年）が今も色褪せていないとしたら、それはあらかじめ回顧の構造で語られているからだと思う。

僕がアキという女の子に求めたのは、ある特定の時代の女の子ではなかった。クラスの中にいる、ちょっと面白みがないくらいの女の子。特別可愛いわけではないが、ある瞬間、めちゃくちゃ可愛く見えてしまう。そう、主観的に見ると、その可愛らしさを発見するような。

だから、映画監督なんかがその学校に来ると、その子の美しさを見つけてしまう。大人なら、ちゃんと見つけるよと。そんな気持ちも込めて、森田芳光監督にご登場いただいた。きっと、同じクラスの男の子たちも「あの子、いいな」なんて思っているのだけれど、どこか照れくさくて、友達にも言えない的な。結果、あまり目立たないままでいる、そんな女の子。

正義感があって、誰もが健やかさを認めてしまう。そんなアキ役で、長澤まさみは輝

『世界の中心で、愛をさけぶ』スタンダード・エディション
DVD発売中　●価格：4,180円（税抜価格3,800円）
●発売元：博報堂DYメディアパートナーズ・小学館　●販売元：東宝

いた。おそらく、永遠に繰り返し見ることができると思う。

　そして、長澤まさみは、現代日本を背負うような女優に成長した。

　僕が初めて逢った頃の彼女には、危うさがあった。果たして、これから女優を続けていくのかどうか。まだ、そこまでの覚悟ができていないような。いや、そもそも覚悟というものがなんなのかわかっていないような。そんな女の子だった。

　まず原作があり、映画化の依頼があった。映画にするにはなかなか難しい内容でもあり、試行錯誤の末、どうにか脚本を完成させた。

　主人公のオーディションでもしようかと考

えていた矢先、脚本を読んだ東宝の松岡功会長がこう言ったと知る。

「これは10年に一作の脚本だ。長澤にやらせてもらいたい」

製作も配給も東宝。長澤まさみは、東宝シンデレラに輝き、東宝芸能に所属している女優だ。当時の僕に反対する理由はない。

苦労した脚本がそのように評価された。純粋に嬉しかった。早速、当時の長澤の最新作『ロボコン』を観ると、見事なコメディエンヌだった。まだあまり演技経験がないと聞いていたが、全然、そんなことないじゃないか。

これだけできる子なら、アキもできる。そう思った。

一種の部活映画である『ロボコン』は、非常に技巧的なオーバーアクトを求められる作品だったが、かなり明確で的確な芝居で応えていた。

もちろん、人物の情緒の表現もよかったが、際立ったのはリアクションだった。これは監督の演出にしっかり応えてくれる女優だなと。作品の仕上がりもよく、すっかり安心していた。

『ロボコン』の印象で、溌剌《はつらつ》とした元気な女の子だと思い込んでいた。

白血病になってしまう子の役だから、バイタリティのある、太陽のような子がいいと考えていた。

ところが、初対面の長澤まさみはめちゃめちゃ暗かった。

全然、喋らない。

どうやら彼女にとって演技は、自発的にするものではなく、与えられたものをこなしていくことに近いようだった。

「脚本、読んだ?」

「読みました」

「どうだった?」

「うーん、はい、難しいです」

「難しくても、内容はわかる?」

「わかります」

「自分と似てると思う?」

「うーん……たぶん、似てないと思う。それに、アキって、あんまり描かれてないですよね」

「たくさんは描かれてないね。だから、どう演じるかにもよるんだよね」

そんな話をした。

この長澤まさみという少女から、撮影中に何か自発的なものは生まれないかもしれない、そこは期待できないかもしれない。

『世界の中心で、愛をさけぶ』は、自分の内なるものと向き合う必要のある役だ。果たして、この子にそんなことができるのだろうか。

早速、彼女の話し相手になる助監督についてもらった。地方ロケ、そして海外ロケもある中規模バジェットの作品。当時の僕にとっては大きな映画だった。監督として、作品全体をコントロールしなければいけなかった。

長澤につきっきりにはなれなかったのだ。

「坊主に、なっちゃったぁ」

いちばん大きなことは、剃髪《ていはつ》だ。

アキは抗がん剤で髪の毛が抜け始める。それなら、と自ら髪の毛を全て剃ってしまう設定だった。

このシーンをどうするか。

もし、本当に剃るのであれば撮影スケジュールを考える必要がある。

もちろん、ウィッグという方法もある。そして、特殊メイクという選択肢もあった。

どの方法でもよかった。

大切なのは、長澤がどう思っているか。僕にとっては、それが全てだった。

これはデリケートな問題で、マネージャーもなかなか訊けないでいた。モヤモヤしている状態が続く。

このことに関して、もし自発的なアクションがあれば、彼女はこの役で大きく変わるだろう。そう直感していた。

「お話があります」

ある日、まさみから連絡があった。

彼女には、参考資料として抗がん剤治療をした現実の女の子のドキュメンタリー資料などを、助監督にできるだけ集めてもらい、見てもらっていた。

「監督、髪の毛、どうするんですか」

「女性にとって髪の毛は大きなものだよね。特に、あなたぐらい多感な年齢の時にはとても大事なものだろうし。そこは、あなたの人生だから。で、どう考えてる？」

「あのビデオを見て、気持ちはよくわかったんです。でも、まだ実感が湧かない。だからわからないんですけど……切ってもいいですか」

「わかった。あなたがどうしたいか。それが重要だった。じゃあ、そうしよう」

「じゃあ、監督、断髪してください」

「いやいや、待ってよ。断髪式ってこと？　それはいやだよ。でも、そばで見てるから」

実際、立ち会うと、自分も坊主にしちゃおうかな、という気持ちになる。

女性がある覚悟を持って、髪を切っていく。その姿を見ていたら。

少し涙ぐんでいるようにも見える。悲しさが伝わってくる。

本当に自分も坊主にしようと思ったが、それもまた違うなと思い直した。もし、スタッフ全員で坊主なんてことになったら、それはそれでおかしな話だ。

彼女は悪いことをしているわけではない。役のためにそうしたくて、そうしている。

まさみには、確固たる意志があった。

全て剃り終わった後、彼女は言った。

「坊主に、なっちゃったぁ」

明るく笑った。

あ、これだ。

これが、等身大の彼女だ。

「この言い方、覚えててね」

映画の中で、森山未來演じる朔太郎に坊主頭で初めて逢う時、頭を触りながら「坊主に、なっちゃったぁ」というシーンがある。あれは、断髪の後、まさみが実際に言った様子そのまま。

やはり、彼女自身が望んでそうしたことはとても大きかった。

女優にとって、この逸話は独り歩きしていく。様々な人の間で。

意気込みが伝わり、共有され、それが女優の凄みになる。

極端な話、ビジュアルのことだけを考えたら、髪の毛は切らなくてもいい。

見た目の問題ではなく、それは役作りだった。

おそらく、このことは、彼女にとって「これが映画というもの」として根付いていくきっかけになったのではないか。

松岡会長の言葉がよみがえった。

「長澤まさみにこの役をやらせてほしい」

それが、映画の純度になった。

「忘れられるのが、怖い」

病気を扱うことは難しい。

偽善として見られがちだ。

だから、やる以上は覚悟が必要だ。

現実に、病気と闘っている人もいれば、病気で亡くなっている人もいる。

病気を特別視して描かないのも、それはそれでおかしい。

恋もしている。元気な時だってある。その人の人生がある。

それを撮ろうと思った。


あれから、20年近くの月日が過ぎた。

あの頃からは考えられないほど、長澤まさみは第一線で活躍し続けている。

森山未來にしてもそうだ。もはや彼は一人のアーティストである。

当時の森山は段取りに長けた少年で、「僕はこうするから、まさみちゃんはこうして」なんてことを言っていたから、僕は怒ったこともある。

「段取りじゃなくて、今そこで起きている感情を、俺は撮りたい。お前の衝動を見せてくれ」

それを繰り返し伝えた。

「忘れられるのが、怖い」

山崎努さんが館主役を務める写真館で、アキはそう告白する。

館主は大きなかけ声で、写真を撮る。彼女を写真という形に遺《のこ》す。

詩的でリリカルな言葉だ。僕には書けない言葉。当時20歳だった、脚本家の伊藤ちひろが書いた。メッセージが浮かび上がる。

これは、どんな人にとっても共通する想いだろう。

そして、それを、長澤まさみがナチュラルに演じてくれたからこそ、普遍のものになった。

この映画が、永遠に繰り返し観ることのできる所以《ゆえん》だ。

どうにもならない、もどかしさ

まさみはスタッフ全員に可愛がられた。

特に撮影監督の篠田昇にはめちゃくちゃ懐いていた。

「おい、まさみー！」

篠田さんの声が、今も聞こえる。

篠田昇は、相米慎二監督とも仕事をしていたから、子供の扱いには長けている。

まさみの感情を起点にして撮影をする。

持続された時間の中で、観客はアキを追いかけることになる。

倒れ込んだアキを乗せた車を、朔太郎が裸足で追いかける場面。ワンカットで撮ろうと言ったのは、篠田さんだ。忘れ難い長回し。

まさみの存在感は、悲しいとか悔しいとかを飛び越え、生きたい、でも、どうにもならない、そんなもどかしさと共にあった。

彼女がそれをキープするためには、取り乱すことのない大人たちの存在が必要だった。

僕たちスタッフにとって、まさみは娘のようだった。

白血病の設定だから、痩せなきゃいけないのに、ちょっと目を離すと「お茶場」（撮影現場には、お茶やコーヒー、お菓子などで一服つける場所が必ずある）でチョコレートを食べていたりする。「こら！」と、撮影所の外周を走らせたりした。いい想い出だ。

みんなに愛されていた。

そんな長澤まさみも、もはや大女優。彼女にも僕は大きな企画を用意している。これは、僕が人生でやりたかったものの大きな一つ。実現するといいが。

泣ける映画じゃなくて、切実な映画を

『世界の中心で、愛をさけぶ』の原作を読むと、痩せっぽっちで可憐な女の子を想像する。だが、長澤まさみには凛《りん》とした生命力があり、それが序盤の、亡くなった校長先生への弔辞を読むシーンに現れている。

凛々《りり》しさがあるから、弱さも表現できる。

今でもよく思い出すが当時の僕は「泣ける映画」と言われると不機嫌になっていた。

泣ける映画なんて作らないよ。切実な気持ちにはなるけど、泣ける映画なんてものは作らない。そう思っていたし、実際、周囲に対して口にしていた。

やけに高圧的だったかもしれない。だが、自分に言い聞かせていたのだと思う。

切実に、この人を救いたい。でも、どうにもできない。

朔太郎の気持ちは、僕の気持ちだった。

だから、空港で「助けてください」とさけぶシーンが生まれた。


小説を読み返すと、大きな声で周りの人に呼びかけているだけで、映画のように天に

向かってさけんでいるわけではなかった。

あの「助けてください」しかない。

確信があった。

篠田昇は、クレーンを駆使し、情感豊かに真上から撮った。撮影の力も本当に大きかった。

そこまでエモーショナルに盛り上げていいのか。そんな逡巡《しゅんじゅん》もあった。どちらかと言えば、シナリオ段階では「助けてください。助けてください」と床に突っ伏して泣くイメージだった気がする。

しかし、そうではないのだと、まさみの演技を見ていて気づかされた。

空港まで来た。来ることができた。だけど、「世界の中心」には行けない。

これで充分。その想いと、嘆きが、同居している、まさみのあの顔。

森山未來も衝動に突き動かされた。

どんな気持ちになるんだろうね？

それを、少女に、少年に課している。その繰り返しだった気がする。
客観的に見て、名場面だと思う。
今観ても、僕自身、やはりグッとくる。
人は、本当にどうにもならない時、天を見上げるのではないだろうか。
宗教に関係なく。
撮りながら、俺は泣いていた。俺が泣いてどうするんだ、と思いながら。
本当に切実だった。

映画で、人生が変わった人がいる

『世界の中心で、愛をさけぶ』が公開された直後、篠田さんは亡くなった。この映画が遺作になった。

この映画は、長澤まさみにとっても、森山未來にとっても、行定勲にとっても、特別なものだろう。それには、篠田昇の死が影響している。

僕の師匠である岩井俊二監督が全幅の信頼を寄せる撮影監督でもあった。日本映画史に残るカメラマンだ。

この映画のテーマと同じように、篠田さんは僕らの中に存在している。肉体はなくなってしまったから、現実には逢うことはできない。でも、いなくなってしまったわけじゃない。

常にいる。映画を撮影していて、いつも存在を感じている。

『リボルバー・リリー』の撮影監督、今村圭佑は、中学生の時に『世界の中心で、愛をさけぶ』を観て、篠田昇に憧れ、やがて、カメラマンになった。この映画が、映画界入りする一つのきっかけとなったのだ。

周囲には、そんなスタッフがたくさんいる。あの映画によって、人生が変わった人がいる。

デジタルという選択もあったけど、僕と篠田さんは35ミリフィルムで撮影した。

「35ミリでやれることは、全てやった」

篠田さんはそう言い切った。僕はこの言葉を忘れない。

だから、あの映画には美しさだけでなく、迫力がある。

あの時の照明技師、中村裕樹が『リボルバー・リリー』に参加している。

あの時、中学生だった男の子が撮影している。

僕の中には、篠田昇がいる。

『GO』、それは圧倒的な女の子

圧倒的な女の子を作りたかった。

『GO』（2001年）の柴咲コウのことだ。

原作者、金城一紀は池袋かどこかで、柴咲コウ本人とすれ違ったことがあり、「あの子、女優だ」と直感したらしい。このことがキャスティングの大きな理由になっている。

その前の年、同じ東映の『バトル・ロワイアル』で柴咲はブレイクしていた。

『GO』の原作ではヒロインはショートヘア。てっきり映画でもそうするものだと僕は思っていた。

ところが、初めて逢った柴咲の第一声。

『GO』（2001年）
©2001「GO」製作委員会 ● Prime Videoチャンネル「東映オンデマンド」にて配信中

「髪の毛は切りたくありません」

「理由は何？」

「もうすぐ私、20歳なんです。成人式で髪の毛を結いたいんです」

嘘だろ。それが正直な気持ちだった。

だが、逆に、その意志がいいと同時に思った。マネージャーを通して伝えられたわけではない。自分で言った。はっきりと。あっけらかんと。

まだ新人監督だった。忖度《そんたく》なんてあっちゃいけないよな。みんなが言いたいことを言えないようなことがあっちゃいけないよな。柴咲の言葉に、素直にそう思わせられた。

窪塚洋介はオープンハート。最初から、あらゆることを話し合った。

「役を演じるんじゃなくて、これはイコール窪塚洋介でいいよ。それくらいの気概でやってよ」

そう伝えた。

「じゃあ、僕、自分の服、持ってきていいですか」

「全然いいよ」

「髪型も自分でやってきていいですか」

「いいよ」

あのライオンヘアは、窪塚のデザインだ。

あの頃の僕は、女優、男優問わず、自ら身振り手振りでやって見せていた。

柴咲は、それを面白がった。

その通りにやるのではなく、「じゃあ、私はこうしてみました」とやる。自発的だった。全てがスムーズに淡々と進んだ。

古くならないものを、作りたい

『GO』の頃、くるりの「ばらの花」をよく聴いていた。

あまりに『GO』にぴったりで、一時期は主題歌にしようと思ったくらい。

こんなフレーズがある。

——安心な僕らは旅に出ようぜ　思い切り泣いたり笑ったりしようぜ——

「旅に出よう」が、この作品のテーマの一つでもある「境界線を越えよう」に聞こえた。

——僕らお互い弱虫すぎて　踏み込めないまま朝を迎える——

まるで『GO』で描かれるあの夜のことみたいだった。偶然か？

くるりの岸田繁は『GO』を読んでこれを書いたんじゃないかと、勝手に思った。

残念ながら、プロデューサーには却下されてしまったが、当時はそんな気分だった。


「ばらの花」を今聴いても、あの頃と同じように感動する。それと同様に、『GO』や『世界の中心で、愛をさけぶ』や『きょうのできごと a day on the planet』の青春が、今を生きる人の胸に刺さるといいなと思う。

結局、僕は映画を作っているけれど、どこか音楽を作っている人と張り合ってるようなところがある。古くならないものを作りたいと思う。

女の選択が、男を変える

真っ直ぐなまなざし。

あの輝きには敵《かな》わない。

『GO』の柴咲コウを見るたびに思う。

無敵の可愛さ。

「それを演じて」なんて本来なら、プレッシャーにもなる要求。

だが、柴咲はプレッシャーを感じていなかった。

それが本質。

柴咲コウは無敵だった。

もし壊そうとしても、絶対壊れない何か。

打ち勝ってしまう何か。

それがあった。

振り返ってみると、僕は女性に「芯の強さ」を求めている。

長澤まさみにも、語らなくても伝わってくる「存在の雄弁さ」を求めていた。

女性にはそうであってほしいと思っているのだろう。

新しい映画に取り組むたび、今回登場する女性はそこがどうなっているのだろうと、覗き込んでいるようなところがある。

だから、女性を脇役にはできない。

女優が主役の映画ばかりを撮っているわけではないのに、どこか女性の在り方で男たちは絶対変わると信じているし、願っている。だから、女性を添え物にはできない。最終的には、女性が選択する。女の人の方が覚悟がある。これは僕が日常的に感じていることでもある。

だから、映画に女性が登場すると、この人はどんな選択をするのだろうと考える。この人はどんな人なのだろうと考える。

だから『ＧＯ』でも『世界の中心で、愛をさけぶ』でも、女性が起点となる。

『ひまわり』、幻の存在証明

１９９８年。今村昌平監督の『カンゾー先生』で、麻生久美子は一生で一度しかできない芝居を見せていた。羨ましかった。

その後、僕は若き日の柴咲コウを、長澤まさみを、そして綾瀬はるかの映画デビュー作を撮ることになるが、その頃は、まだ見ぬ地平だった。

その後、麻生久美子は黒沢清監督の『ニンゲン合格』にも起用され、さらなる可能性とポテンシャルを感じさせる存在になった。圧倒された。

何よりも声が素晴らしい。本当に素晴らしい。

鼻にかかった独特の言い回し。少しハスキー。独自性があった。

『ひまわり』（２０００年）は、初監督作品ではないが、劇場公開作としては僕のデビュー作に当たる。

自分がデビューする上で、既にパブリックイメージが固定されている女優ではない方がいいと思っていた。

『ひまわり』は、一人の女性の「存在証明」みたいな物語だ。

つまり、多面性。だが、多面を集めても、何か一つ欠けている。それが寂しい。そんな脚本だった。

一見、明るくて、あっけらかんとしているように感じていたあの人。

でも、本当のところは、どうだったんだろう。

誰の人生にも、そんな存在がいると思う。

幻のような存在。その儚さを描きたかった。

今村昌平に黒沢清。かなり作家性のある監督たちの作品に出演、頭角を現していた麻生久美子は、その一方でまだ実態がつかめない女優だった。

その幻のイメージも含めて、彼女がいいと思った。

キャストを、反転させる

現在の麻生久美子は、手練れのコメディエンヌであり、唯一無二の存在だ。一癖も二癖もある、一筋縄ではいかない美人を演じるとピカイチだ。彼女のこの未来は、全く予想がつかなかった。

当時の彼女は、まだ何者でもなかった。

綺麗で、とても魅力的だけれど、どこかコミットしてくれない。そんなイメージを勝手に抱いていた。

ヒロインの佇まいが大切な映画だった。

彼女は赤いワンピースを着ていた。

みんな、同じイメージを共有しているが、本当にそのワンピースが赤だったかは、誰も確信が持てない。

そんな輪郭の薄いヒロインを演じてもらった。

続く『贅沢な骨』（2001年）にも出てもらった。

『ひまわり』に較べれば、生命力も逞しさもあるが、やはり突発的に消えてしまう危うさのあるヒロインだ。

麻生さん自身が持っている天真爛漫な明るさを、そんなふうに反転させようと思った。

生命力がある人ほど、突然いなくなってしまうと「不在」という穴がポッカリ開く。

あの映画では永瀬正敏さんとご一緒した。

永瀬さんには、自分は脇役に回って女優たちを輝かせたいという明確な発想があった。

永瀬さんと麻生さんは既に共演していて、気心が知れた仲だった。

そこに、オーディションで選んだ、つぐみを入れて、3人の物語にした。

男を共有しようとする女性ふたりと、それに翻弄される男。

当初、麻生久美子の役とつぐみの役は逆だった。それを入れ替えた。役を入れ替えるのは『パレード』（2010年）でもやっていて、あの時は香里奈と貫地谷しほりを入れ替えた。

女優に対して自分が抱いている、一つのパブリックイメージみたいなもの。そこに従ってキャスティングしているわけだが、それをひっくり返すことで見えてくる女性の本質があるのではないか。僕ら男が考えている女性らしさや可愛らしさを反転させたらどうなるか。

普段、可愛いと言われている人が綺麗な役をやったら？　いつも美しい役を演じている人が、ぶりっ子な可愛らしさを演じたら？

どんなアプローチなら、入れ替えが成立するか。

そんなことを、今もよく考えている。

男と男の、恋愛を描く

人と人とが関わる時に、否応なく生まれる面倒くささが好きだ。

『窮鼠はチーズの夢を見る』（2020年）では男同士の恋愛を描いた。

だが、あれは同性愛とは言い切れない。

大倉忠義が演じた恭一はヘテロセクシャル。ただ、情にほだされるヤツなので、成田凌が扮した後輩、今ヶ瀬の想いを受け入れる。つまり、相手を男だから女だからという観点では見ていない。

バイセクシャルというのとも違う。シームレス。縫い目がない。同性愛者を描く映画には大抵、社会的に色眼鏡で見られてしまうことの葛藤が欠かせない。だが、そうした描写は一切入れなかった。

親が悩むとか、そういうことではなく、まずはその人の性的指向を認めることから始めたかった。だって、それは誰にも起こりうることだから。嘆くだけではない、その人の人生を紡ぎたい。

今ヶ瀬は自分の性的指向と共に逞しく生きてきたから、恭一に想いを伝えることができた。恭一はヘテロセクシャルだが、好きな先輩のことが今ヶ瀬はどうしても忘れられなかった。とにかく特別だった。

人は、自分が特別だと想える人と一緒にいることが、いちばん幸せなのだと思う。

あの映画で重要なのは、4人の女性たちだ。恭一の奥さん。愛人。大学時代の恋人。そして、今ヶ瀬と一度別れた後に婚約する年下の相手。

ああした女性たちによって、恭一は形作られている。女たちに依存しながら生きている恭一と、そうではない荒野に生きている今ヶ瀬。そして、今ヶ瀬は男性だけど、恭一にとっては「5番目の存在」だった。そんなふうに描けたらと思った。そうして、あの映画が出来た。

手当たり次第に手を出す恭一は、言ってみれば人でなし。だけど、ここでは僕にしては珍しく「イタい女たち」を描いた。その「イタさ」を、観る人が今ヶ瀬にも感じてくれたら大丈夫だと思った。

やっぱり、恋愛はイタいものだと思うから。

誰かを欲しがるあまり、見苦しくすがったりもする。それが人間。

でも、しょうがないよね。好きなんだから。

ずっと、女優に導かれてきた

不思議なことに、デビュー作から最新作まで、女性が主人公であることが多い。

なぜかはわからない。

ただ、女優に導かれてきたことだけは確かだ。


僕は成瀬巳喜男の映画が好きだ。

麻生久美子にも成瀬作品の高峰秀子に近い何かを感じて、『ひまわり』に起用した。

なぜ、成瀬が好きなのだろう。

結局、成瀬には女性を主人公にした作品が多いからなのだ。

では、成瀬は女好きだったのか？ 違うと思う。成瀬の映画に出てくるのは、ダメな男、弱い男ばかり。あれが、成瀬の実態だろう。だからこそ、女優に任せることもできたのだと思う。


僕も、たぶん、そうだ。

解説

相田冬二

本書の入口

行定勲監督に初めてお逢いした時のことは想い出せない。だが『Jam Films』の「JUSTICE」でかなり長いインタビューをした際、「名刺、変わりましたね」と言われたことは鮮烈な記憶。２００２年。それ以前に何度か取材していたのだろうが、人の顔と名前が全く憶えられない自分にとっては衝撃だった。時代の寵児。連日、夥《おびただ》しい数の人々と顔を合わせていたはず。半端ないインプット力に打ちのめされる一方、この人は誰に対しても丁寧に接してきたのだなと感じ入った。

監督は話す仕事だから、学生の頃から話す練習をしてきた、と教えてもらったことがある。しかもお風呂場で、インタビューの自主トレをしてきたらしい。

彼はいつだって饒舌だ。今、想うこと、感じていること、喜怒哀楽、全部ヒエラルキーなしに語る。嘘がない。包み隠さない。質問に対する答えを絶対にはぐらかさない。真っ正直な連射砲。しかも、マニアックではない。あらゆる映画を観ているのに、おたくな発言が一切ない。イノセンスがストレートなのだ。

人間的には明快なアイデンティティを有しているのに、なぜか行定勲の映画たちは言葉にしにくい。

著名でありながら、謎の監督。

純文学は好きだ。だから、作家には憧れがある。だけど、僕自身は映画作家ではないんですよ。

そんなことも彼は言う。

どんな監督にもカラーがある。時にはそれがブランドにもなる。行定勲にもカラーはあるが、それを誇示しない。多彩なジャンルを手がけているが、決して職人的ではないし、いつもゴリッとした芯がある。と同時に、できるだけ平易であろうとする意志を感じる。なめらかさと険しさが同時にある。おそらく、これが語りづらさの根底にあるものだ。逆に言えば、全く安心できない監督。それが行定勲なのだ。カテゴライズできない。上手く「自分の棚」におさめられない。

コロナ禍の２０２０年に『窮鼠はチーズの夢を見る』と『劇場』という、重量級の２作を送り届けた。リアルタイムで全作品に接してきたが、これが決定的な映画体験となった。何としてでも、この監督を解明したい。そう思った。

女優というテーマから、「21世紀の監督」（彼の劇場デビューは２０００年だ）行定勲を捉え直してみたい。これが、本書の出発点となった。

幻冬舎の石原正康さんの助言もあり、近作から遡るスタイルで、行定勲の起点を探った。

本書の出口

行定勲映画の女優たちは、何を見せてきたか。

全てのインタビュー・構成を終えた今、自分なりに考えてみたい。

まず、言えるのは「光の影」である。「光と影」ではない。光は影をもたらす。そのことを逃げ隠れせずに紡いできたのが、行定映画だ。光が表で影が裏なのではない。光が上で影が下なのでもない。そこにポジションやヒエラルキーはない。光と影は等価だ。どちらも大切なもの。

行定の出世作『GO』は、在日韓国人である高校生の「出発の時」を描いた。シリアスなテーマをポップに弾ませた本作は、窪塚洋介の目も眩《くら》むような躍動感に目を奪われるが、劇中で何度もモノローグされるように、「これは僕の恋愛に関する物語だ」。ヒロイン、柴咲コウの初登場シーンを、行定は天国から階段を下りてくる女神のように捉えている。主人公はクラブの喧騒の中、一人イヤフォンで落語を聴いている。三遊亭圓生の「紺屋高尾」。そこで描かれるのは身分違いの恋。花魁《おいらん》に一目惚れした瞬間の落語の中のときめきが、現実の出逢いに重なる瞬間。閉じることと、開くこと。つまり、影と光を同時につかまえる。柴咲コウが、光（天国）から影（地上）に向かって下りてきている点は見逃せない。

この映画の冒頭には、シェイクスピア『ロミオとジュリエット』から、次のフレーズが引用されている。

〝名前ってなに？　バラと呼んでいる花を別の名前にしてみても美しい香りはそのまま〟

もちろんこれは、国籍による差別の問題への文学的な言及なのだが、これを行定勲の女優論＝女性論として解釈することも可能かもしれない。

行定は本書で繰り返し、自分は女性を主体的に描いてきた、と述べている。女性を輝かせるのが男性ならば、女性によって輝くのも男性なのだと。女性の存在によって男性の深層は、より明るみに出る。行定の主張は一貫している。

バラの花から「バラ」という名前をなくしてみたらどうだろう？　その美しい香りを、あなたはどう受けとるのか？

これはジェンダーレスな問いでもあり、シームレスな問いでもあり、フラットな問いでもあり、哲学的な問いでもあるが、行定の根底にある偏見なき理想が可視化されているように思える。

行定の映画は、物事の明暗を差別しない。光にも影にも同じ価値があるように描く。だから人間の多面性を定着させる『ひまわり』も、虚実の段差構造で紡がれる『ピンクとグレー』も、ねじれた片想いに落とし前をつける『ナラタージュ』も、全て肯定的に受けとることができる。

行定映画は、完全に閉じきることもなければ、完全に開けっぱなしになることもない。光も影も両方ある。

女優には、美しさと醜さ、両方を求める。そんな言葉にもまた、彼のフェアネスが象徴されている。

もう一つ。「不在の在」。これが、彼の作品には遍在している。

『ひまわり』の麻生久美子、『世界の中心で、愛をさけぶ』の長澤まさみ、『クローズド・ノート』の竹内結子、『今度は愛妻家』の薬師丸ひろ子は全員、命を落としている。だが、「不在の在」が、映画を見護り続ける。

『春の雪』の竹内結子は最終盤、仏門に入り、姿を現さない。だが、確かにそこにいるのだ。気配という「不在の在」。これもまたシェイクスピアが言うところの「美しい香り」だろう。

『リバーズ・エッジ』の二階堂ふみは、死体を見る。そうして、ようやく自分が生きていることを知覚する。「不在」によって「在」を知るのだ。

ここに『劇場』の松岡茉優のラストを加えれば、この構図は完璧になる。松岡は山﨑賢人の許を去ったが、観客として山﨑の舞台を観ている。そのようにして「不在の在」は昇華されたのだ。

また、リウ・シーシーが自己を喪失する『真夜中の五分前』には、こんな場面がある。恋人を喪《うしな》った過去を持つ三浦春馬演じる主人公が、ある時、今はもう現世にいない彼女をちらっと見るような仕草をする。全編中国語の映画の中で、この時だけ、三浦は日本語を話す。目の前にいるのは中国人だけなのに。彼方への思慕がそこにあった。

だが、このスピリチュアルなシークエンスもまた、俳優が監督の世界観に感応したから生み出されたものではないか。「不在の在」の美しい結晶がここにある。

２００４年のインタビューで、行定勲は、自分は死んだ8人の友人のために映画を作っている、と吐露している。「光の影」も「不在の在」も、フラットで公平な祈りによるものではないだろうか。

行定は、女優=女性を極端に美化してはいないが、男たち（彼に言わせれば、ダメで情けない男たち）がどうにかこうにか生き延びるための可能性として、ある種の理想を仮託している。

女を描くことは男を描くこと。そのために、これからもこの映画監督は、女優に向き合い続けるだろう。いつか、今度は『映画男優のつくり方』を訊いてみたい。

本書を通して、ぜひ、彼の映画たちに出逢ってほしい。21年ぶりに綾瀬はるかと邂逅《かいこう》した『リボルバー・リリー』が公開される今は、絶好の機会だ。映画における女優とは何か。きっと、一人一人が、その答えを見つけることができると思う。

わたしも、行定勲がこよなく愛する成瀬巳喜男の『浮雲』に久しぶりに再会しよう。高峰秀子は、行定映画のミューズだ。彼女とこの本に登場した女優たちとの接点を探すことも、大いなる映画的冒険になるだろう。

２０２３年６月９日　薬師丸ひろ子の誕生日に　相田冬二（Bleu et Rose）

著者略歴

行定 勲《ゆきさだいさお》

一九六八年熊本県生まれ。映画監督、演出家。
二〇〇〇年「ひまわり」で釜山国際映画祭国際批評家連盟賞受賞。
「GO」で日本アカデミー賞最優秀監督賞を始め
数々の映画賞を総なめにし脚光を浴びる。
〇四年「世界の中心で、愛をさけぶ」が観客動員数六二〇万人を記録。
一〇年「パレード」、一八年「リバーズ・エッジ」でベルリン国際映画祭国際批評家連盟賞、
一六年「ブエノスアイレス午前零時」「タンゴ・冬の終わりに」の
演出において千田是也賞を受賞。

相田冬二《あいだとうじ》

三池崇史『監督中毒』、阪本順治『孤立、無援』(いずれも、ぴあ)の取材・構成を手がける。
『パンドラ』(幻冬舎文庫)、『さよならくちびる』(徳間文庫)など
ノベライズ作品も二十作ある。
二〇二三年八月十一日公開の映画『リボルバー・リリー』
劇場用パンフレットに、行定勲論を寄稿。

幻冬舎新書 702

映画女優《ヒロイン》のつくり方

二〇二三年七月二十五日 第一刷発行

著者 行定 勲
発行人 見城 徹
編集人 小木田順子
編集者 石原正康 茅原秀行
発行所 株式会社 幻冬舎
〒一五一-〇〇五一 東京都渋谷区千駄ヶ谷四-九-七
電話 〇三-五四一一-六二一一(編集)
〇三-五四一一-六二二二(営業)
公式HP https://www.gentosha.co.jp/
ブックデザイン 鈴木成一デザイン室
印刷・製本所 中央精版印刷株式会社

GENTOSHA

JASRAC 出 2304610-301

検印廃止

Printed in Japan ISBN978-4-344-98704-3 C0295
ゆ-1-1

*この本に関するご意見・ご感想は、左記アンケートフォームからお寄せください。
https://www.gentosha.co.jp/e/

幻冬舎新書

倉本聰　聞き手　碓井広義

脚本力

87歳の今なお、毎日机に向かい書き続ける、巨匠・倉本聰。新作『火曜日のオペラ』の創作過程をたどりながら、「演出家も役者も皆素人である」と今のドラマ界に苦言を呈する倉本の、創作の原点を探る。

工藤美代子

サザエさんと長谷川町子

国民的マンガ「サザエさん」。15歳で天才少女としてデビュー、72歳で亡くなる5年前まで描き続けた作者・長谷川町子とその家族の巨額の蓄財、愛憎と不和など苛烈な人生の光と闇を描いた評伝。

藤脇邦夫

定年後の韓国ドラマ

国内外のドラマ、映画を５００本以上視聴した著者は「韓国ドラマ」に勝る映像作品はないと断言する。本書ではその魅力を「韓国ドラマベスト50」と共に余すことなく語り尽くす。

小川榮太郎

『永遠の0《ゼロ》』と日本人

特攻とは、あの戦争とは、何だったのか?『永遠の0《ゼロ》』の小説・映画を丹念に読み解き、「戦後」という見せかけの平和の上に安穏と空疎な人生を重ねてきた日本人に覚醒を促す。スリリングな思索の書。